COURS
D'ÉTUDES FRANÇAISES.

PAR

J. MAGY aîné, Instituteur.

GRAMMAIRE-RHÉTORIQUE

PRÉCÉDÉE

D'un Nouvel Alphabet

A L'AIDE DUQUEL IL SUFFIT DE CONNAÎTRE LES LETTRES POUR SAVOIR LIRE ET METTRE L'ORTHOGRAPHE.

EN VENTE A LIMOGES :

Chez { ARDILLIER, Imp.-Lib., place des Bancs, 19.
ARDILLIER FILS, Éditeur, rue du Temple, 10.

1842.

COURS

D'ÉTUDES FRANÇAISES.

Limoges.— Imprimerie d'ARDILLIER FILS, rue du Temple, 10.

COURS

D'ÉTUDES FRANÇAISES,

PAR

J. MAGY aîné, Instituteur.

GRAMMAIRE-RHÉTORIQUE

PRÉCÉDÉE

D'un Nouvel Alphabet

A L'AIDE DUQUEL IL SUFFIT DE CONNAÎTRE LES LETTRES
POUR SAVOIR LIRE ET METTRE L'ORTHOGRAPHE.

EN VENTE A LIMOGES :

Chez { ARDILLIER, Imp.-Lib., place des Bancs, 19.
ARDILLIER FILS, Editeur, rue du Temple, 10.

1842.

Les formalités exigées par la Loi ont été scrupuleusement observées.

L'Auteur poursuivra, selon la rigueur des Lois, tout Contrefacteur ou Débitant de l'Ouvrage qui ne serait pas revêtu de sa Signature.

OBSERVATIONS.

La parole, cet attribut de l'homme qui lui sert à communiquer ses pensées, n'était, dans les premiers siècles, assujettie à aucune espèce de règle, et nul individu n'avait besoin d'étude pour transmettre aux autres ce qu'il avait à dire ; mais dès l'instant, où parmi les peuplades, il y eut des hommes qui, pour se distinguer des autres, se firent une occupation de disserter en public ; la parole fut soumise à des règles ; parce que, chaque individu qui ambitionna le titre d'orateur qu'on donna dès-lors, à ceux qui parlaient dans les assemblées, examinant l'arrangement des mots et des phrases des discours qui avaient obtenu l'assentiment de la réunion, s'empressa de suivre le même ordre et même d'en créer de nouveaux.

Ces règles, d'abord simples et faciles, s'accrurent insensiblement à mesure que les peuples se policèrent, que les découvertes, les inventions dans les arts et les sciences firent créer des mots et des expressions nouvelles. L'invention surtout de l'écriture alphabétique, en permettant de conserver le sens que donnaient à leurs phrases les divers orateurs, fit de la parole un art réduit en principes, dont les règles augmentèrent de jour en jour et s'accrurent encore sans utilité à sa formation des idiômes modernes, par la raison que, les premiers qui écrivirent sur les nouvelles langues y introduisirent les règles et les définitions des anciens idiômes, qui les forcèrent à créer une foule d'exceptions et de nouvelles règles qui ont fait, pour ainsi dire de l'art de parler chez le même peuple, deux idiômes différents, l'un poli et conforme aux règles, qui est devenu le partage d'un petit nombre à qui la fortune a laissé le loisir d'étudier ; l'autre rude et irrégulier qui est resté à la multitude. C'est même, on peut le dire, ces difficultés introduites sans raison dans nos idiômes modernes, qui ont arrêté les progrès de la civilisation, par l'impossibilité où s'est trouvée la majeure partie du peuple de pouvoir s'instruire, ce qui certainement ne serait pas arrivé, si les premiers écrivains en traçant les règles des nouveaux idiômes, eussent laissé de côté, les définitions et les règles des anciennes langues, établi un système grammatical assez simple pour être à la portée de tous et surtout, créé un alphabet formé de signes, dont un seul ou deux au plus eussent suffis pour représenter un son de voix ; alors, tous les hommes d'une même nation eussent parlé le même idiôme, se seraient compris, et plus instruits une foule de maux qui ont surgi de l'ignorance exploitée par l'ambition, n'eussent pas eu lieu, peut-être même qu'il n'existerait aujourd'hui qu'un seul idiôme en Europe et que les hommes de cette partie de la terre ne feraient qu'une nation de frères. Je crois qu'on peut même dire, que les maux qui ont accablés l'espèce humaine sont venus de l'ignorance des peuples, ignorance qui a été le produit des difficultés introduites dans les langues, sans raison, pour ne pas dire avec dessin ; et la preuve, c'est que malgré toutes ces difficultés, depuis qu'il y a une plus grande masse d'instruction parmi les peuples, ils ne se regardent plus en ennemis comme autrefois ; au contraire, ils cherchent à se rapprocher les uns des autres, et commencent à comprendre que les dissentions qui ont eu lieu entre eux ont été formentées par ceux qui se sont arrogé le droit de les gouverner, que c'est leurs tyrans civils et sacrés qui, profitant de leur ignorance, les rendent ennemis les uns des autres, afin de conserver le pouvoir qu'ils ont usurpé et vivre à l'aise sans rien faire à leur dépend.

Or, s'il est vrai, comme tout porte à le croire, que ce soit l'ignorance qui ait été la cause des malheurs et de la division des peuples, on doit comprendre que si l'on pouvait rendre un des idiômes qui se parle, assez simple pour être compris facilement, cela suffirait pour réunir la grande famille humaine.

Le français, par la douceur de sa prononciation, pourrait remplir ce but et devenir d'un usage universel, il ne faudrait peut-être pour cela que faire disparaître la manière bizarre d'en écrire les mots, où le plus souvent on emploie jusqu'à sept ou huit lettres pour représenter un son de voix, tandis qu'on pourrait le faire avec une ou deux lettres au plus. Que faudrait-il faire pour cela ? Une chose bien simple ! Ne plus songer à la soidisant étimologie qui nous fait écrire la plupart de nos mots d'une manière toute différente qu'on ne les prononce, sous le vain prétexte de reconnaître qu'ils viennent du latin ou du grec, ce qui ne sert à rien? Rendre toutes nos lettres voyelles, attendu que c'est une absurdité qui n'a pas le sens commun de prétendre que les consonnes ne peuvent représenter un son de voix sans les voyelles, parce que, dit-on, elles ne sont que des sons modifiés par les livres, la langue, etc., etc. Qu'un son soit modifié ou non? en est-il moins un son? Celui qui parle s'inquiète-t-il comment se forment ces sons? Assurément non. Ce qu'il a en vue, c'est de se faire comprendre de ceux à qui il adresse la parole et *b*, *c*, *d*, sont pour son oreille, comme pour tous, des sons aussi simples que *a*, *e*, *i*, *o*, *u*. C'est une vérité qu'on ne peut contester, et si cela est vrai, pourquoi quand on a à écrire *be*, *ce*, *de*, etc., ajouter à ces lettres un *e* qui est inutile? Quand on veut écrire *homme* par exemple, on emploie cinq lettres où deux pourraient suffire et ainsi de suite dans une foule de mots que je m'abstiens de citer, de même que ceux qui, comme *femme*, s'écrivent d'une manière et se prononcent d'une autre.

Je n'ai certainement pas la prétention de faire la réforme grammaticale que la raison et le bon sens réclament dans l'intérêt de l'ordre social, je sais combien un travail de ce genre demande de connaissances de la part de celui qui se chargera de cette tâche et reconnais trop bien mon ignorance pour l'entreprendre, et si je me hazarde de dire quelque chose sur cette matière, c'est tout simplement pour me conformer à la maxime que tout citoyen, qui croît reconnaître quelque chose d'utile à la société doit le faire connaître ; que je me suis cru obligé d'indiquer les moyens, que l'expériance m'a fait observer pendant ma carrière dans l'enseignement, qu'on pourrait employer pour arriver à représenter tous les sons de la voix avec une ou deux lettres au plus, ce qui, une fois établi, permettrait à tous les hommes de savoir lire dès qu'ils connaîtraient les lettres, ce qui serait une affaire de peu de jours.

Examinons donc ce qu'on pourrait faire pour arriver à ce résultat. Sur les vingt-cinq lettres de notre alphabet, *c*, *k*, *q* représentent un son analogue dans plusieurs mots. Établissons que *c* aura toujours le son propre, *ce*, *k*, le son dur comme *ke*, et supprimons *q*, *s* ayant tantôt le son doux tantôt celui de *z* et de *x*, donnons-lui dans tous les cas celui de *z* et supprimons *z* et *x*, *y* n'étant autre chose que *i*, supprimons-le aussi, ces quatre lettres *q*, *y*, *z*, *x* étant supprimés, il nous en restera vingt-une, si nous faisons attention maintenant que sur ces vingt-une lettres, il y en a seize qui, avec la combinaison de *e*, forment trois sons, comme *be*, *bé*, *bè*, et que nous donnions à ces lettres trois sons comme à l'*é*, sans addition de cette dernière, cela nous donnera quarante-huit sons qui, avec les trois de l'*é*, et les quatre voyelles *a*, *e*, *o*, *u*, formeront cinquante-cinq sons de voix, il ne nous restera plus qu'à représenter les cinq sons de voix, *an*, *in*, *on*, *un*, *ou*, par des caractères simples, ce qui nous sera facile, puisque nous avons supprimé *q*, *y*, *z* et *x*; nous pouvons employer *q* pour *an*, *y* pour *in*, *x* pour *on*, *z* pour *un*, et nous n'aurons plus qu'à imaginer un signe pour représenter *ou*; et notre alphabet se trouvera composé de vingt-six caractères dont dix-sept ayant des sons triples et neuf n'ayant qu'un son, ce qui nous donnera en tout soixante voyelles avec lesquelles nous pourrons représenter tous les sons de voix possibles avec une ou deux lettres au plus, par le simple changement de donner trois sons aux consonnes comme nous les donnons à la lettre *e*.

Cette première difficulté vaincue par l'effet de la convention de donner trois sons à chaque consonne, sans qu'on ait besoin de leur adjoindre l'*é*, il ne nous restera plus qu'à trouver le moyen de distinguer les trois sons que nous donnons aux seize lettres *b*, *c*, *d*, *f*, *g*, *h*, *j*, *k*, *l*, *m*, *n*, *p*, *r*, *s*, *t*, *v*, on ne peut pas, comme à l'*e*, mettre des accents sur toutes ces lettres cela rendrait l'écriture trop confuse. Pour obvier à cet inconvénient, voici ce qu'on peut faire, *b* mis pour *be*, se ferait comme dans l'écriture appelée bâtarde, le grand jambage droit, mis pour *bé*, le grand jambage sera bouclé à droite comme dans l'écriture coulée, mis pour *bè*, le grand jambage serait droit avec un petit trait horizontal à gauche et en haut. En employant le même moyen pour les autres lettres on arrivera sans peine à former un alphabet de soixante signes bien distincts les uns des autres. Comme la description de la forme à donner à ces lettres serait longue, ennuyeuse et pourrait ne pas être bien comprise, j'ai joint à la suite de ces observations un alphabet contenant les soixante lettres avec la forme que je crois qu'on pourrait leur donner, cela fera mieux comprendre les nouveaux signes que tout ce qu'on pourrait dire, et fera plus facilement voir avec un peu d'attention qu'avec ces soixante signes on peut écrire tous les mots français avec une briéveté qui approcherait de la célérité de la parole. J'ai joint aussi à la suite de l'alphabet la conjugaison d'un verbe et un morceau de prose écrit par le système en usage et par celui que je crois qu'il faudrait établir, afin qu'on vît de suite, par la comparaison, l'avantage qui résulterait de ce changement, et comme je l'ai déjà dit, qu'il suffirait de connaître les lettres pour savoir lire, de savoir les tracer pour écrire et mettre l'orthographe. D'où il résulterait qu'en très-peu de temps tous les citoyens sauraient lire, et comme les ouvrages d'instruction, par la diminution des frais d'impression deviendraient à très-bon marché, les plus pauvres pourraient s'en procurer pour s'instruire eux et leurs enfants, ce qui ferait avancer rapidement les progrès de la civilisation et permettrait de faire les réformes sociales dont on sent le besoin pour le bonheur de l'espèce humaine, tandis que dans l'état d'ignorance où sont encore les masses on ne peut en faire aucune sans danger de bouleverser la société.

En publiant ce nouvel alphabet, je ne prétends pas que ce soit celui qu'il faille absolument adopter ; je dis seulement qu'il est nécessaire et qu'il y a possibilité d'en créer un à l'aide duquel il suffise de connaître les lettres pour savoir lire ; aussi, est-ce tout simplement pour appeler l'attention des philantropes sur un moyen qui me paraît le plus propre à faire disparaître l'ignorance, cause de tous les maux qui pèsent depuis si longtemps sur l'espèce humaine, et les engager à la recherche d'un procédé qui remplisse le but de celui que la faiblesse de mes connaissances ne me permet que d'indiquer.

Si après avoir examiné la manière bizarre employée jusque là pour écrire les mots français et avoir reconnu la possibilité d'en employer une plus simple, plus rationnelle, nous portons notre attention sur notre système grammatical, quelle ne sera pas notre surprise, de le voir hérissé de dénominations fausses, de définitions, de règles et d'exceptions tout-à-fait inutiles, et faites seulement pour effrayer les jeunes gens à l'aspect de tous ces verbiages empilés les uns sur les autres. Si nous en recherchons la cause, nous verrons clairement qu'elle ressort de ce qu'on les a prises dans des idiomes étrangers où elles pouvaient être très-logiques, tandis qu'en français, elles n'ont pas le sens commun, et on demandera peut-être comment il s'est fait que, parmi la foule de grammairiens qui se sont succédé, pas un n'ait cherché à établir un système grammatical vraiment français, au lieu de se compiler les uns les autres, d'ajouter exceptions sur exceptions, définitions sur définitions. La raison en est simple, c'est que copier ne donne aucune peine. Cependant, les moins clairvoyants pouvaient voir que la dénomination de la plupart de certaines classes de nos mots est fautive, puisque sans explication elle ne peut être comprise et que le propre de toute bonne dénomination est de faire comprendre à son simple énoncé de quoi il est question ; en effet, que signifient les dénominations d'articles, d'adjectifs, verbes, adverbes, etc. que celui qui les entend prononcer ne peut comprendre sans une définition ou explication préalable. Ne serait-il pas plus naturel de dénommer chaque espèce de mot par les fonctions qu'elle remplit dans le discours. Ainsi, par exemple, qu'elle est la fonction de l'article? De déterminer le genre et le nombre des substantifs; or, puisqu'il sert à déterminer c'est donc un déterminatif; et cette dénomination ferait connaître de suite l'emploi de ces mots sans explication. L'adjectif sert à exprimer les qualités des substantifs, c'est donc un qualificatif. Il en est ainsi pour toutes les espèces de mots qui devraient, avec raison, être dénommés selon les fonctions qu'ils remplissent dans le discours, d'où il résulterait qu'à leur simple énoncé on comprendrait de quoi il est question. Il est vrai qu'il eût fallut faire une nouvelle classification et on trouvait plus simple de suivre celle toute faite des Latins, cela donnait moins de peine à ceux qui, autrefois et encore aujourd'hui, veulent à toute force faire parler latin en français ; mais la raison, qui en tout et partout doit-être le guide, nous montre que notre système grammatical est vicieux et qu'il a besoin d'être refait sur de nouvelles bases.

Je n'entreprendrai point de suivre la grammaire d'un bout à l'autre pour en faire voir tous les défauts, encore moins de les rectifier, cela ne peut se faire dans de simples observations et n'aboutirait à rien ; d'ailleurs, un semblable travail demande des connaissances que je suis loin de posséder, et l'exposé succint de grammaire qu'on va lire est tout bonnement pour donner une idée, comme je l'ai fait pour l'alphabet, de ce qu'on pourrait faire, mais sans prétendre en aucune façon vouloir imposer ma manière de voir à qui que ce soit, et laissant aux savants le soin de faire la réforme grammaticale que la raison réclame.

Je ne doute pas que tous ceux qui aiment les priviléges, ou vivent à l'aise à l'ombre de l'ignorance du peuple ne cherchent à prouver, par mille arguments, l'impossibilité d'établir un pareil système; c'est pourquoi j'engage les hommes amis des progrès à ne pas se laisser prendre à tout ce qu'on pourra dire; mais à examiner, à vérifier et ils se convaincront de la possibilité d'arriver au résultat que j'indique.

Ennemi de toute polémique, je crois devoir prévenir à l'avence tous ceux à qui une réforme grammaticale peut ne pas convenir, de ne point se tourmenter, de rester en repos, n'y plus songer, parce que, ne voulant pas disputer, je ne répondrai à aucune objection, attendu que tout ce qu'on pourrait dire ne pourrait rendre cette réforme possible si elle ne l'est pas, ni impossible si elle peut se faire. En publiant ces observations et cet exposé de grammaire mon intention a été d'être utile en indiquant les moyens qu'on pourrait employer pour que le peuple put s'instruire promptement. Si j'ai réussi à appeler l'attention des philanthropes sur une matière qui est restée jusque là dans la routine et que cela les engage à perfectionner notre système grammatical, je m'estimerai heureux d'avoir pu contribuer en quelque chose au progrès de l'instruction du peuple.

Nouveau Alphabet Français

par J. Magy aîné.

Signes	Prononciation	Signes	Prononciation	Signes	Prononciation
a	a	f	fe	n	ne
i	i	f	fé	n	né
o	o	f	fè	n	nè
u	u	g	gue	p	pe
q	an	g	gué	p	pé
y	in	g	guè	p	pè
ʒ	on	h	che	r	re
ɥ	un	h	ché	r	ré
œ	ou	h	chè	z	rè
b	be	j	je	s	se
b	bé	j	jé	s	sé
b	bè	j	jè	s	sè
c	ce	k	ke	t	te
c	cé	k	ké	t	té
ç	cè	k	kè	t	tè
d	de	l	le	v	ve
d	dé	l	lé	v	vé
d	dè	l	lè	v	vè
e	e	m	me	«	Signe du pluriel
é	é	m	mé		
è	è	m	mè		

Nota : avec cet alphabet, il suffit de connaître les lettres pour savoir lire, de savoir les tracer pour mettre l'orthographe et il offre encore l'avantage d'écrire aussi vite que l'on parle, sans avoir recours à la tachigraphie.

Conjugaison du Verbe aimer
d'après le système en usage

Indicatif Présent
J'aime,
Tu aimes,
Il aime,
Nous aimons,
Vous aimez,
Ils aiment.

Indéfini
J'aimais,
Tu aimais,
Il aimait,
Nous aimions,
Vous aimiez,
Ils aimaient.

Passé
J'aimai,
Tu aimas,
Il aima,
Nous aimâmes,
Vous aimâtes,
Ils aimèrent.

Futur
J'aimerai,
Tu aimeras,
Il aimera,
Nous aimerons,
Vous aimerez,
Ils aimeront.

Conditionnel
J'aimerais,
Tu aimerais,
Il aimerait,
Nous aimerions,
Vous aimeriez,
Ils aimeraient.

Impératif
Aime,
Aimons,
Aimez.

Subjonctif
Que j'aime,
Que tu aimes,
Qu'il aime,
Que nous aimions,
Que vous aimiez,
Qu'ils aiment.

Passé
Que j'aimasse,
Que tu aimasses,
Qu'il aimât,
Que nous aimassions,
Que vous aimassiez,
Qu'ils aimassent.

Conjugaison du verbe aimer par le nouveau système

Yfinitif: èmé

Ydikatif

prézã
- ỹm
- tu èm
- il èm
- naz èmãz
- vaz èmèz
- ilz èma

ydéfini
- ỹm
- tu èm
- il èm
- naz èmirã
- vaz èmièz
- ilz èmã
- pat
- ỹm
- tu èma
- il èma
- naz èmama
- vaz èmatz
- ilz èmra

futur
- ỹmrè
- tu èmra
- il èmra
- naz èmirõ

futur
- vaz èmièz
- ilz èmrã
- kõdisionl
- ỹmr
- tu èmr
- il èmr
- naz èmrièz
- vaz èmrièz
- ilz èmra

Yspratif
- èm
- èmõ
- èmèz

Cubjõtif
- k ỹm
- k tu èm
- k il èm
- k naz èmiõz
- k vaz èmièz
- k ilz èma
- pat
- k ỹmac
- k tu èmac
- k il èma
- k naz èmaciõ
- k vaz èmaciõ
- k ilz èmac

Système d'orthographe
en Usage

La morale de la raison, est le sentiment des lois que la nature a établies entre tous les hommes. C'est elle qui, dès la mamelle, attacha la mère à l'enfant par l'habitude des bienfaits, et l'enfant à sa mère par celle de la reconnaissance, c'est elle qui en montrant à l'homme, dès l'aurore de la vie, les biens dont la terre est couverte, lui fit entrevoir un bienfaiteur dans les cieux, et des amis destinés à recueillir ces biens avec lui dans ses semblables.

Bernardin de St Pierre

Nouveau système

La moral d la rsɔ̃ é l sątimą d lwa k la natur a établies ątr tus lɛ ɔm, s'é èl ki, dɛ la maml ataʃa la mr a l'ɔ̃fɔ̃ par l'abitud d bįfɛ, é l'ɔ̃fɔ̃ a la mr par èl d la rkɔnɛsɔ̃s s'é èl ki ą mɔ̃trɔ̃ a l'ɔm dɛ l'oror d la vi, lɛ bįɛ̃ dɔ̃ la tɛr é kuvɛrt, lui fi ɔ̃trvwa œ̃ bįfɛtœr dɔ̃ lɛ sįø, é dɛ ami dɛtinɛ a rkœji ɛ bįɛ̃ av lui dɔ̃ sɛ sɔ̃blabl.

Nota: Par la comparaison des deux Systèmes, on voit que le nouveau emploie un tiers moins de lettres que l'ancien, quoique, le morceau pris pour exemple n'ait presque pas de verbes car lorsqu'il y en a beaucoup la différence est de plus de moitié.

GRAMMAIRE FRANÇAISE.

INSTRUCTIONS PRÉLIMINAIRES.

La grammaire est l'art qui indique les principes et les règles à suivre pour transmettre la pensée par les moyens de la parole ou de l'écriture. Cet art comprend trois partis logiques, la lexicologie, la syntaxe et la rhétorique.

DE LA LEXICOLOGIE.

La lexicologie est la partie de la grammaire qui indique la classification des mots, la manière dont on doit les prononcer et les écrire dans chaque idiôme, conformément à l'usage adopté.

La parole se compose de divers sons de la voix qui, seuls ou réunis, forment ce qu'on appelle mots *articulés*, lesquels servent à exprimer les idées et les pensées de l'homme.

L'écriture se compose de dessins appelés *lettres* qui, seules ou réunies entre elles, servent à représenter les divers sons de la voix et forment ce qu'on nomme *mots écrits*.

Il y a donc dans tous les idiômes deux sortes de mots, les uns articulés, les autres écrits, et les uns et les autres sont les signes ou la représentation des idées de l'homme et lui servent à communiquer à ses semblables ce qu'il pense d'un objet ou d'une action quelconque.

Tous les mots parlés ou écrits dont on se sert dans l'idiôme français pour l'énonciation de la pensée, sont divisés en neuf classes différentes suivant les idées qu'ils représentent ou les fonctions qu'ils remplissent dans cet idiôme. Ces neuf classes sont :

1° Celle des substantifs, qui comprend tous les mots qui servent à indiquer les choses qui existent réellement dans la nature, comme *homme, arbre, rose,* etc., et celles qu'on réalise par la pensée, comme *esprit, raison, vertu,* etc.

2° Les qualificatifs, ou les mots qui indiquent la qualité qu'on attribue aux substantifs, comme *sage, utile, aimable,* etc.

3° Les déterminatifs, ou les mots qui déterminent les différentes particularités des substantifs.

4° Les pronoms, ou les mots qui remplacent dans le discours les substantifs.

5° Les affirmatifs, ou les mots qui servent à affirmer l'existence, la manière d'être ou d'agir des substances.

6° Les modificatifs, ou les mots qui marquent les diverses modifications sous lesquelles on considère une action ou une qualité.

7° Les conjonctions, ou mots qui servent à joindre les phrases les unes avec les autres.

8° Les expositifs, ou mots qui marquent les divers rapports entre les choses.

9° Les exclamations, ou mots qui expriment un mouvement spontané de l'âme.

Ainsi, tout mot français, prononcé ou écrit,

fait nécessairement parti de l'une de ces neuf classes.

DES SUBSTANTIFS.

Les substantifs sont des mots qui désignent les substances ou êtres qui existent réellement dans la nature, comme *soleil, homme, rose, arbre,* etc., ou les attributs des substances, considérées indépendamment des êtres dans lesquels ils résident, comme *vertu, bonté, douceur,* etc., d'où il résulte que les substantifs se divisent naturellement en deux catégories, l'une qui comprend les êtres réels, on les nomme *substantifs physiques,* l'autre les attributs des substances, on les nomme *substantifs abstraits* ou *méthaphisiques.*

Les substantifs sont individuels, génériques, collectifs ou partitifs.

Un substantif est individuel lorsqu'il ne convient et ne peut s'appliquer qu'à un seul être, comme *Licurgue, Lafayette, Limoges, Paris,* etc.; il est générique lorsqu'il convient à tous les objets du même genre, comme *homme, cheval, arbre, rose,* etc.; il est collectif lorsqu'il exprime une collection ou réunion, comme *armée, forêt, troupe,* etc.; il est partitif lorsqu'il n'indique que la partie d'un tout, comme *tiers, quart, huitième,* etc.

Les substantifs se divisent, par rapport aux genres en masculins et féminins. Ainsi, un substantif est du genre masculin lorsqu'il désigne des êtres mâles, comme, *homme, cheval, bœuf,* etc., ou des êtres inanimés qui peuvent être précédés des mots *le, un,* comme *arbre, papier, rosier,* etc.,

2.

et le substantif est féminin quand il désigne des femelles, comme *femme, chambre, chèvre*, etc., ou les êtres inanimés qui peuvent être précédés des mots *la, une*, comme *rose, plume, tulipe*, etc.

Comme en parlant on peut s'occuper d'un seul ou de plusieurs objets, il y a nécessairement deux nombres, un singulier et un pluriel; ainsi un substantif est au singulier quand on n'indique qu'un seul être, comme *un homme, le livre*, et il est au pluriel quand on en indique plusieurs, comme quand on dit, *les roses, les femmes*, etc.

Pour marquer qu'un substantif est au pluriel on ajoute à sa terminaison un *s*, quand il ne finit pas par cette lettre ou par *x, z*, mais s'il se terminait par ces lettres on n'y ajouterait rien. Exemple : *un homme, les hommes, le rosier, des rosiers*. Cependant les substantifs qui, se terminant par *au, eu*, comme *vaisseau, cheveu*, au lieu de *s*, prennent *x* au pluriel; et parmi ceux qui se terminent au singulier par *al, ail*, il en est quelques-uns qui au pluriel changent *l* en *ux*, comme *cheval*, qui fait *chevaux, local, locaux*. L'usage fait bien vite connaître ces petites différences.

DES QUALIFICATIFS.

Les qualificatifs sont des mots qui expriment les qualités des substances, comme *bon, agréable, utile, aimable*, etc. Ces mots ne présentent rien de fixe par eux-mêmes, mais il font concevoir à l'esprit qu'il existe des substances auxquelles on peut les appliquer; ainsi, quand on dit : *homme grand, femme aimable, enfant sage*, etc., *grand, aimable, sage* font connaître les qualités qu'on attribue aux substantifs *homme, femme, enfant*, d'où l'on doit conclure que les qualificatifs sont des parties intégrantes des substances, qui ne peuvent exister sans une infinité de qualités différentes ; et que, par conséquent, les qualificatifs sont nécessairement du genre et du nombre que le substantif qu'ils qualifient, n'en ayant aucun par eux-mêmes, c'est pourquoi ils ne devraient avoir qu'une seule terminaison pour les deux genres ; mais l'usage en a fait adopter deux pour la plupart des qualités ; ainsi, on dit *bon* au masculin, *bonne* au féminin ; de là deux manières d'écrire et de prononcer une grande partie des qualificatifs, selon qu'ils sont joints à des substantifs masculins ou féminins.

En général, tous les qualificatifs terminés par un *e*, comme *aimable, agréable*, etc., n'ont qu'une terminaison pour les deux genres ; mais ceux qui ne se terminent pas ainsi, comme *saint, poli, prudent, national, viril*, etc., il faut y ajouter un *e* pour les mettre au féminin ; mais il en est plusieurs autres qui éprouvent un changement tout différent que l'usage fait bien vite connaître et dont le résultat est toujours de les ramener à se terminer par un *e*. Il serait peut-être d'une seine logique d'abandonner toutes ces exceptions pour n'avoir qu'une terminaison, car l'oreille ne serait pas plus choquée que l'on dise *une femme bon, saint, prudent*, etc., qu'*une femme bonne, sainte, prudente*. Tout cela ne vient que de l'habitude ; et parce que les premiers grammairiens, à l'imitation des Romains, qui disaient *bonus, bona*, ils ont voulu, comme eux, dire *bon, bonne*, par respect sans doute pour leurs anciens seigneurs et maîtres.

Pour mettre un qualificatif au pluriel on ajoute, comme dans les substantifs, *s* à ceux qui ne se terminent pas par cette lettre ou par *x*.

DES DÉTERMINATIFS.

Les déterminatifs sont des mots qui déterminent le genre, le nombre, le rang et la possession des personnes et des choses en les indiquant d'une manière précise. Ces mots se divisent en génériques: *numéraux, cardinaux, possessifs* et *indicatifs*.

Les déterminatifs génériques indiquent le genre des substantifs. Exemple : *le rosier, la rose*. Ces déterminatifs sont :

Pour le masculin, *le, un, au, du*.
Pour le féminin, *la, une, au*.

Les déterminatifs, *numéraux*, indiquent le nombre des objets, ou d'une manière générale, comme quand on dit : *les hommes, les arbres* où en en précisant la quantité, comme dans *trois hommes, dix arbres*. Ces déterminatifs sont, pour les deux genres :

Les, des, eux, deux, trois, quatre, cinq, etc.

Les déterminatifs, *cardinaux*, indiquent le rang des choses, comme *le premier homme, la première femme*. Ces déterminatifs sont : *premier, second, troisième,* etc.

Les déterminatifs, *possessifs*, marquent à qui appartiennent les choses dont on parle. Exemple : *mon livre, votre plume*. Ces déterminatifs sont :
Pour le masculin, *mon, ton, son, nôtre, vôtre, leur*.
Pour le féminin, *ma, ta, sa, nôtre, vôtre, leur*.
Pour le pluriel, *mes, tes, ses, nos, vos, leurs*.

Les déterminatifs, *indicatifs*, montrent les objets dont on parle de manière à les faire distinguer de tous les autres objets. Exemple : *ce livre, cette plume*. Ces indicatifs sont : *cet, ce, cette, ces*.

DES PRONOMS.

Les pronoms sont des mots employés dans le discours pour éviter de répéter le nom des substantifs déjà énoncés. Ainsi, par exemple, quand on dit : *La charité est patiente, elle ne juge pas témérairement*. C'est comme si l'on disait : *La charité est patiente, la charité ne juge pas*, etc. Le mot *elle*, employé dans la seconde phrase, remplace le mot *charité*, évite de le redire et en rappelle l'idée, comme le ferait le substantif lui-même *elle*, est donc un pronom. Ainsi, tout mot mis à la place du nom d'un substantif est un pronom.

Les pronoms, par rapport aux diverses fonctions qu'ils remplissent dans le discours, se divisent en *énonciatifs, possessifs, démonstratifs, relatifs* et *indéfinis*; de plus, comme dans le discours il y a toujours trois personnes en action, une qui parle, une qui écoute, et une de qui on parle. Les pronoms sont donc de la première, de la seconde ou de la troisième personne, selon le nom de celle qu'ils remplacent.

Les pronoms *énonciatifs* sont ceux qui indiquent spécialement les personnes qui agissent, comme dans : *je parle, tu écris, il lit*. Ces pronoms sont :
Pour la première personne au singulier, *je, me, moi*.
       pluriel, *nous*.
Pour la seconde personne au singulier, *tu, te, toi*.
       pluriel, *vous*.

Pour la troisième au singulier, *il, elle, lui, se, soi.*
au pluriel, *ils, elles, leur, eux.*

Les pronoms *démonstratifs* indiquent les choses dont on a déjà parlé et en rappellent l'idée. Exemple : *Ce livre est meilleur que celui-là. Celui-là* rappelle l'idée du *livre,* car c'est comme si l'on disait : *Ce livre est meilleur que ce livre.* Ces pronoms sont :

au masculin { singulier, *ce, cela, celui-là, celle-ci, cela.*
pluriel, *ceux, ceux-ci, ceux-là.*

au féminin { singulier, *celle, celle-là, celle-ci.*
pluriel, *celles, celles-là, celles-ci.*

Les pronoms *possessifs* indiquent à qui appartiennent les choses dont on a parlé. Exemple : *Le papier de Camille est meilleur que le tien ;* c'est comme si l'on disait : *Le livre de Camille est meilleur que ton livre. Le tien* remplace donc le mot *livre* et de plus indique à qui appartient le livre. Ces pronoms sont :

au masculin { singulier, *le mien, le tien, le sien, le nôtre, le vôtre, le leur.*
pluriel, *les miens, les tiens, les siens, les nôtres, les vôtres, les leurs.*

au féminin { singulier, *la mienne, la tienne, la sienne, la nôtre, la vôtre, la leur.*
au pluriel, *les miennes, les tiennes, les siennes, les nôtres, les vôtres, les leurs.*

Les pronoms *relatifs* rappellent l'idée du substantif ou du pronom qu'on vient d'énoncer d'une manière précise à ne pas s'y tromper. Ces pronoms sont :

au masculin....	singulier, *lequel*, *duquel*, *quel*, *auquel*, *le*.
	pluriel, *lesquels*, *desquels*, *auxquels*, *quels*, *les*.
au féminin....	singulier, *laquelle*, *quelle*, *la*.
	pluriel, *quelles*, *lesquelles*, *desquelles*, *auxquelles*, *les*.
Pour les deux genres.	singulier, *qui*, *que*, *quoi*, *dont*, *en*, *y*.

Les pronoms *indéfinis* désignent des choses qu'on ne peut particulariser. Par exemple, quand on dit : *On frappe à la porte*, le mot *on* désigne bien que quelqu'un frappe, mais on ne peut pas dire qui cela est. Ces pronoms sont :

On, quiconque, chacun, quelqu'un, autrui, personne, l'un, l'autre, tel, telle, nul, aucun, etc.

DES AFFIRMATIFS.

Les affirmatifs sont des mots qui expriment d'une manière positive l'existence, l'état et les actions des substantifs. Ainsi, quand on dit : *Dieu est, le soleil est lumineux*. Le mot *est*, dans la première phrase, affirme l'existence de Dieu positivement ; dans la seconde phrase il affirme que la qualité *lumineux*, qu'on attribue au soleil lui convient ; et, si l'on dit : *Dieu aime les hommes*, le mot *aime* affirme l'action de Dieu envers les hommes ; d'où il résulte que, sans les *affirmatifs*, il serait impossible d'exprimer une pensée à défaut de pouvoir affirmer la convenance ou disconvenance des idées entre elles. En effet, quand on dit : *soleil lumineux*, on ajoute bien une qualité au substantif *soleil*, mais on n'affirme pas si cette qualité convient à ce substantif; tandis que, quand on dit : *le soleil est lumineux*, il n'y a plus d'équivoque, la convenance qui existe entre l'idée *soleil* et l'idée *lumineux* est exprimée positivement.

Parmi les affirmatifs, l'*affirmatif être* est le seul qui exprime positivement l'existence des substantifs et la convenance des qualités avec les substances, pour cela on le nomme *affirmatif absolu*; les autres affirmatifs servent à exprimer l'état et la manière d'agir des substantifs, et renferment en eux-mêmes la qualité qu'on attribue aux substances, pour cela on les nomme *affirmatifs attributifs*. En effet, quand on dit : *Dieu aime les hommes*, cette proposition équivaut à celle-ci : *Dieu est aimant les hommes*; l'affirmatif *aime* exprime donc à lui seul l'affirmatif absolu être, et la qualité ou attribut *aimant*. Il en est de même de tous les *affirmatifs attributifs*.

Les *affirmatifs*, tant par rapport aux diverses manières de présenter l'affirmation, que par rapport aux temps, aux personnes et aux nombres, subissent des transformations ou changemens de formes et de terminaisons dans leur énonciation prononcée ou écrite.

Par rapport à la manière de présenter *l'affirmation*, *l'affirmatif* est à l'infinitif, à l'indicatif, au conditionnel, à l'impératif ou au subjonctif.

L'affirmation est à l'infinitif lorsqu'on la présente d'une manière générale, sans aucun rapport aux temps, aux personnes et aux nombres, comme *aimer, aimant, aimé*.

Elle est à l'indicatif lorsqu'on l'exprime d'une

manière positive, comme *existant*, *ayant existée* ou *devant exister*. Exemple : *J'aime*, *tu aimas*, *il aimera*.

Elle est au conditionnel lorsqu'elle est dépendante d'une condition sans laquelle elle ne peut avoir lieu. Exemple : *Je lirais si j'avais un livre.*

Elle est à l'impératif lorsqu'elle exprime un commandement. Exemple : *Aime, aimons, aimez.*

Elle est au subjonctif lorsqu'elle est subordonnée et dépendante d'une autre affirmation. Exemple : *Il faut que tu aimes.*

Par rapport aux temps, l'*affirmation* est présente, passée ou à venir ; elle est présente lorsqu'elle a lieu à l'instant même où se fait l'action, comme dans *j'aime, tu lis, il écrit*. Elle est passée lorsqu'elle a lieu dans un temps passé, comme dans *je lus, tu écrivis, il chanta* ; elle est future, lorsqu'elle aura lieu dans un temps qui n'est pas encore, comme dans *je lirai, tu écriras, il chantera*.

Il n'y a qu'un présent parce que l'instant où l'on agit est un point indivisible, mais le passé et le futur se composent d'une foule d'instants intermédiaires. Cependant les affirmatifs n'éprouvent de changements que par rapport à ces trois points positifs, excepté, pour une forme indéfinie applicable au présent et au passé par la suite de la phrase, les temps passés et futurs intermédiaires s'expriment à l'aide des temps des affirmatifs *être* et *avoir* et du passif de l'infinitif.

Par rapport aux personnes, l'*affirmatif* est de la première, de la seconde ou de la troisième, selon que le sujet qui agit est à l'une de ces personnes. Par rapport au nombre il est singulier ou pluriel, selon que le sujet de l'affirmation est à l'un de ces nombres.

On nomme *sujet de l'affirmatif* l'être de qui on affirme quelque chose ; ainsi, dans *Dieu aime les hommes*, *Dieu* est le sujet de l'affirmatif *aimer*, parce que c'est à ce substantif qu'on attribue l'action *d'aimer*, et le mot *homme* qui achève d'exprimer le sens de la pensée, en est le complément ; ainsi, tout substantif de qui on affirme quelque action est sujet de l'affirmatif, et celui qui achève le sens de la phrase en est le complément.

La réunion de toutes les transformations de forme et de terminaison qu'éprouvent les affirmatifs, forme ce qu'on appelle une conjugaison.

Tous les affirmatifs français sont divisés en quatre conjugaisons ; la première comprend tous ceux dont le radical de l'infinitif est terminé en *er*, comme *aimer*.

La seconde, ceux terminés en *ir*, comme *chérir*.

La troisième, ceux terminés en *oir*, comme *recevoir*.

La quatrième, ceux terminés en *re*, comme *rendre*.

DES DIFFÉRENTES TRANSFORMATIONS DES AFFIRMATIFS.

CONJUGAISON DE L'AFFIRMATIF ABSOLU *être*.

Infinitif.

Radical, *être*.
Actif, *étant*.
Passif, *été*.

Indicatif.

Présent. Je suis, tu es, il est, nous sommes, vous êtes, ils sont.

Passé. Je fus, tu fus, il fut, nous fûmes, vous fûtes, ils furent.

Futur. Je serai, tu seras, il sera, nous serons, vous serez, ils seront.

Indéfini. J'étais, tu étais, il était, nous étions, vous étiez, ils étaient.

Conditionnel.

Je serais, tu serais, il serait, nous serions, vous seriez, ils seraient.

Impératif.

Sois, soyons, soyez.

Subjonctif.

Présent. Que je sois, que tu sois, qu'il soit, que nous soyons, que vous soyez, qu'ils soient.

Passé. Que je fusse, que tu fusses, qu'il fût, que nous fussions, que vous fussiez, qu'ils fussent.

PREMIÈRE CONJUGAISON.

AFFIRMATIFS TERMINÉS EN *er*.

Infinitif.

Radical, aimer.
Actif, aimant.
Passif, aimé.

Indicatif.

Présent. J'aime, tu aimes, il aime, nous aimons, vous aimez, ils aiment.

Passé. J'aimai, tu aimas, il aima, nous aimâmes, vous aimâtes, ils aimèrent.

Futur. J'aimerai, tu aimeras, il aimera, nous aimerons, vous aimerez, ils aimeront.

Indéfini. J'aimais, tu aimais, il aimait, nous aimions, vous aimiez, ils aimaient.

Conditionnel.

J'aimerais, tu aimerais, il aimerait, nous aimerions, vous aimeriez, ils aimeraient.

Impératif.

Aime, aimons, aimez.

Subjonctif.

Présent. Que j'aime, que tu aimes, qu'il aime, que nous aimions, que vous aimiez, qu'ils aiment.

Passé. Que j'aimasse, que tu aimasses, qu'il aimât, que nous aimassions, que vous aimassiez, qu'ils aimassent.

SECONDE CONJUGAISON.

AFFIRMATIFS TERMINÉS EN *ir*.

Infinitif.

Radical, chérir.
Actif, chérissant.
Passif, chéri.

Indicatif.

Présent. Je chéris, tu chéris, il chérit, nous chérissons, vous chérissez, ils chérissent.

Passé. Je chéris, tu chéris, il chérit, nous chérîmes, vous chérîtes, ils chérirent.

Futur. Je chérirai, tu chériras, il chérira, nous chérirons, vous chérirez, ils chériront.

Indéfini. Je chérissais, tu chérissais, il chérissait, nous chérissions, vous chérissiez, ils chérissaient.

Conditionnel.

Je chérirais, tu chérirais, il chérirait, nous chéririons, vous chéririez, ils chériraient.

Impératif.

Chéris, chérissons, chérissez.

Subjonctif.

Présent. Que je chérisse, que tu chérisses, qu'il chérisse, que nous chérissions, que vous chérissiez, qu'ils chérissent.

Passé. Que je chérisse, que tu chérisses, qu'il chérit, que nous chérissions, que vous chérissiez, qu'ils chérissent.

TROISIÈME CONJUGAISON.

AFFIRMATIFS TERMINÉS EN *oir*.

Infinitif.

Radical, recevoir.
Actif, recevant.
Passif, reçu.

Indicatif.

Présent. Je reçois, tu reçois, il reçoit, nous recevons, vous recevez, ils reçoivent.

Passé. Je reçus, tu reçus, il reçut, nous reçûmes, vous reçûtes, ils reçurent.

Futur. Je recevrai, tu recevras, il recevra, nous recevrons, vous recevrez, ils recevront.

Indéfini. Je recevais, tu recevais, il recevait, nous recevions, vous receviez, ils recevaient.

Conditionnel.

Je recevrais, tu recevrais, il recevrait, nous recevrions, vous recevriez, ils recevraient.

Impératif.

Reçois, recevons, recevez.

Subjonctif.

Présent. Que je reçoive, que tu reçoives, qu'il reçoive, que nous recevions, que vous receviez, qu'ils reçoivent.

Passé. Que je reçusse, que tu reçusses, qu'il reçut, que nous reçussions, que vous reçussiez, qu'ils reçussent.

QUATRIÈME CONJUGAISON.

AFFIRMATIFS TERMINÉS EN re.

Infinitif.

Radical, rendre.
Actif, rendant.
Passif, rendu.

Indicatif.

Présent. Je rends, tu rends, il rend, nous rendons, vous rendez, ils rendent.

Passé. Je rendis, tu rendis, il rendit, nous rendîmes, vous rendîtes, ils rendirent.

Futur. Je rendrai, tu rendras, il rendra, nous rendrons, vous rendrez, ils rendront.

Indéfini. Je rendais, tu rendais, il rendait, nous rendions, vous rendiez, ils rendaient.

Conditionnel.

Je rendrais, tu rendrais, il rendrait, nous rendrions, vous rendriez, ils rendraient.

Impératif.

Rends, rendons, rendez.

Subjonctif.

Présent. Que je rende, que tu rendes, qu'il rende, que nous rendions, que vous rendiez, qu'ils rendent.

Passé. Que je rendisse, que tu rendisses, qu'il rendît, que nous rendissions, que vous rendissiez, qu'ils rendissent.

DES MODIFICATIFS.

Les *modificatifs* sont des mots qui servent à modifier les *affirmatifs* et les *qualificatifs*, en faisant connaître de quelle manière agit le sujet de l'affirmatif, qu'elle extension on donne à la qualité qu'on attribue au substantif *le temps, le lieu, l'ordre et la quantité*; ainsi, quand on dit : *Lucien parle sagement*, le mot *sagement* fait connaître de quelle manière parle *Lucien*. Quand on dit : *Aristide était extrêmement juste*. Ce mot *extrêmement* fait connaître le degré du qualificatif *juste* qu'on attribue à *Aristide*.

Les *modificatifs* sont de cinq espèces, savoir : de manière, d'ordre, de temps, de quantité et de lieu.

Ils sont de *manière*, lorsqu'ils indiquent la manière dont se font les choses ; comme *sagement*, *poliment*, etc. Ces *modificatifs* se forment des qualificatifs en y ajoutant *ment*.

Ils sont *d'ordre*, lorsqu'ils marquent l'ordre et le rang des choses ; comme *premièrement*, *secondement*, etc.

Ils sont de *temps*, lorsqu'ils marquent l'époque de l'action ; comme *aujourd'hui*, *hier*, *demain*, *jadis*, etc.

Ils sont de *quantité*, quand ils indiquent la quantité ; comme *beaucoup*, *trop*, *assez*, etc.

Ils sont de *lieu*, s'ils marquent le lieu de l'action ; comme *ici*, *là*, *dessus*, *près*, etc.

DES CONJONCTIONS.

Les *conjonctions* sont des mots qui ne présentent rien par eux-mêmes à l'esprit, mais qui servent à unir les propositions les unes aux autres ; ainsi, quand on dit : *Les sages sont en petit nombre et il est rare d'en trouver*. Le mot *et* sert à réunir la proposition *les sages sont en petit nombre* à la proposition *il est rare d'en trouver*. D'où l'on conclut que les conjonctions sont des mots sans lesquels il ne serait pas possible de faire de période, parceque les propositions ne présenteraient que des sens partiels sans union ; en effet, quand on dit : *Le bien qu'on fait n'est jamais perdu, si les hommes l'oublient, Dieu s'en souvient et le récompense.*

Si l'on supprimait les conjonctions *si, et*, on aurait : *Le bien qu'on fait n'est jamais perdu, les hommes l'oublient, Dieu s'en souvient, le récompense*, qui formeraient autant de sens partiels que de propositions.

Nos principales conjonctions sont : *et, ou, si, mais, car, ni, aussi, or, donc, encore, outre, que, soit, quoique, cependant, pourtant, toutefois, néanmoins, lorsque, quand, comme*, etc.

DES EXPOSITIFS.

Les *expositifs* sont des mots qui indiquent le rapport qui existe entre deux mots ; ainsi, quand on dit : *Table de marbre*, le mot *de* expose le rapport qu'il y a entre *la table* et le *marbre* ; d'où il suit que les idées qu'on exprime, ayant une infinité de rapports entre elles, les *expositifs* en énoncent de plusieurs espèces, dont les principaux sont : *de matière, de lieu, de but, d'ordre, d'union, d'apposition, de cause*, etc.

Les *expositifs* se distinguent des autres espèces de mots en ce qu'ils sont toujours suivis d'un mot qui en détermine la signification. Nos principaux expositifs sont : *à, de, pour, sur, sans, attendu, avant, avec, assez, contre, dans*, etc.

DES EXCLAMATIONS.

Les *exclamations* sont des mots dont un seul suffit pour exprimer un sentiment de l'âme ; aussi une exclamation vaut, à elle seule, une proposition; par exemple; que dans un moment inattendu, une personne voit arriver un ami, il s'écrie aussitôt: *ah! bon!* ce qui veut dire : *Mon cher ami, combien je suis satisfait de vous voir.*

Les principales exclamations sont :

Pour la joie. *Ah! bon! bien!*
 l'admiration. *Oh!*
 la douleur. *Ah! aie! ouf! hélas!*
 la crainte. *Ah! eh!*
 le mépris. *Fi! fi donc!*
 la dérision. *Oh! hé!*
 la surprise. *Oh! ha!*
 l'avertissement. *Holà! heni! oh! eh!*
 le silence. *Chut! paix!*
 l'encouragement. *Çu! allons! hoça!*

DE LA SYNTAXE.

La *syntaxe* est la partie de l'art grammatical qui indique les principes à suivre pour arranger les mots dans le discours, conformément à l'usage reçu pour exprimer une pensée.

Toute réunion de mots qui représente une pensée s'appelle *proposition*; ainsi, quand on dit : *Dieu est éternel*, ces mots forment une proposition. En considérant attentivement une proposition, on voit clairement qu'elle se compose de deux idées que l'on compare, et d'un affirmatif qui exprime leur convenance ou disconvenance; d'où l'on conclut que la proposition est l'énonciation d'un jugement ou opération de l'esprit qui a jugé de l'accord ou du désaccord des deux idées avant de les énoncer.

L'une des deux idées qui renferme une proposition représente l'être de qui on affirme quelque chose ; c'est l'idée principale, on la nomme *sujet de la proposition*; l'autre s'appelle *attribut*; elle désigne la qualité du sujet, et l'affirmatif énonce le rapport qu'il y a entre les deux idées. Ainsi, dans la proposition *Dieu est éternel*, *Dieu* est le sujet, *éternel* l'attribut, *est* l'affirmatif.

Le sujet de toute proposition est toujours un *substantif*, un *pronom* ou un *infinitif*.

Indépendamment des trois parties logiques qui composent une proposition, lorsque *l'affirmatif*, qui entre dans son énoncé, est un *affirmatif attributif*, il y a toujours une quatrième partie qu'on appelle *complément* parce qu'elle achève d'exprimer le sens de l'action marquée par l'affirmatif. Exemple : *Lucien aime Dieu*. Si l'on disait seulement : *Lucien aime*, le sens ne serait pas complet ; car, quand on aime, on aime quelqu'un ou quelque chose ; il faut donc un mot qui achève et complète le sens ; or, ce mot est *Dieu* ; donc *Dieu* est le complément de la proposition *Lucien aime Dieu*.

Les *propositions*, par rapport à leur signification, sont *principales* ou *incidentes*. On appelle *principale* celle qui, dans une période, énonce ce que l'on veut spécialement faire entendre ; c'est elle qui est le but de la pensée ; et on nomme *incidente* celle qui est jointe à la principale pour en déterminer ou expliquer le sens. Exemple : *Les savants, qui sont plus instruits que le commun des hommes, devraient les surpasser en sagesse.* Dans cette période il y a deux propositions une *principale* et une *incidente* ; la principale est : *Les savants de-*

vraient surpasser les autres hommes en sagesse. C'est ce qu'on veut dire, c'est le but de la pensée : *Qui sont plus instruits que le commun des hommes*, est une proposition incidente jointe à la principale pour expliquer pourquoi les savants doivent être plus sages que les autres.

Les propositions *incidentes* sont *déterminatives* ou *explicatives*. Elles sont *déterminatives* lorsqu'elles déterminent le sens de la principale, elles ne peuvent se retrancher de la période sans que le sens ne soit altéré. Exemple : *La gloire, qui vient de la vertu, a un éclat immortel.* L'incidente, *qui vient de la vertu*, fait connaître qu'elle est *la gloire qui a un éclat immortel.* Si on la supprimait, on aurait : *La gloire a un éclat immortel.* Mais qu'elle est la gloire qui est immortel? C'est celle de la *vertu*. Donc, l'incidente déterminative ne peut se retrancher de la période.

L'incidente explicative sert à expliquer quelques particularités de la *principale*, et peut se retrancher de la période sans que pour cela le sens ne soit pas complet. Exemple : *Les passions, qui sont les maladies de l'âme, ne viennent que de notre révolte contre la raison.* Si l'on supprimait l'incidente, *qui sont les maladies de l'âme*, il restera toujours, *les passions ne viennent que de notre révolte contre la raison*, qui a un sens complet.

Lorsque le sujet d'une proposition renferme plusieurs idées qui peuvent se rapporter à l'attribut, ou que l'attribut comprend plusieurs manières d'être du sujet, la proposition est composée parce qu'on peut la décomposer en autant de propositions qu'il y a d'idées dans le sujet, ou de manières d'être dans l'attribut ; enfin, on nomme *propositions complexes*, celles dont l'idée du sujet est accompagnée de mots qui en restreignent ou modifient le sens, ou celles dont l'attribut est formé de plusieurs mots.

On nomme phrase toute réunion de mots formant un sens complet ; elle diffère de la proposition en ce que la proposition peut former plusieurs phrases différentes, sans que pour cela la proposition ait changé ; d'où l'on conclut, que la proposition est l'expression de la pensée, et la phrase la manière d'énoncer cette même pensée sous diverses formes. Ainsi, par exemple, quand on dit : *A peine nous sortions des portes de Trézène*. Nous voyons que cette proposition pourrait être rendue d'une tout autre manière, puisque nous pourrions dire : *Des portes de Trézène, nous sortions à peine*, ou encore : *Nous sortions à peine des portes de Trézène*, et que dans toutes ces énonciations, nous aurions toujours la même proposition, puisque ce serait dans toutes les mêmes éléments ; tandis que nous aurions réellement trois phrases différentes, d'où il suit que la phrase est la manière d'énoncer la pensée par l'arrangement des mots entre eux, ce qui constitue ce qu'on nomme *la construction*.

La réunion de plusieurs phrases qui forment un sens total de plusieurs pensées s'appelle *période*. Une période ne peut se composer de moins de deux propositions. Chaque phrase d'une période se nomme membre de la période.

DE LA CONSTRUCTION.

La *construction* est l'ordre dans lequel il faut

placer chaque espèce de mot dans une phrase ; en français il y a deux manières de les construire : une *directe* et l'autre *inverse*. La construction est *directe* lorsque tous les mots de la phrase sont placés dans l'ordre naturel des idées ; savoir : le *sujet*, *l'affirmatif*, le *complément* et les *modificatifs*. Exemple : *La vertu conduit au bonheur. Le sage trouve son bonheur dans le témoignage d'une bonne conscience.*

La *construction* est inverse lorsque les mots de la phrase ne sont pas dans l'ordre direct, soit parce que l'affirmatif est mis avant le sujet, ou les modificatifs avant l'affirmatif. Exemple : *Aux charmes de la beauté, Marie joint le mérite d'une rare prudence.* Dans l'ordre direct, il faudrait dire : *Marie joint aux charmes de la beauté, le mérite d'une rare prudence.*

Dans les phrases expositives, soit qu'on narre, qu'on fasse une hypothèse ou qu'on tire une conséquence, le sujet doit toujours se placer au commencement de la phrase. Exemple.

Dieu récompensera les hommes justes.

Il en est de même dans les phrases impératives et interrogatives. Exemples :

Aristide, remplissez toujours vos devoirs.
Quel homme triomphe de tous les préjugés ?

Dans les phrases où le sujet doit être suivi de plusieurs mots qui en dépendent, quand on veut donner plus de vivacité à ce qu'on dit, ou qu'on rapporte les paroles de quelqu'un, le sujet se place après l'affirmatif. Exemples :

Nous écoutons avec docilité les conseils que nous donnent ceux qui savent flatter nos passions.

Dans ce lieu coulent mille ruisseaux qui distribuent une eau claire comme le cristal.

La justice, qui nous est quelquefois refusée par nos contemporains, la postérité sait nous la rendre.

Je me croirai heureux, disait un bon roi, quand je ferai le bonheur de mon peuple.

Le sujet se place encore après l'affirmatif, quand c'est un substantif ; mais il se place avant si c'est un pronom. Exemples :

Les hypocrites cachent les vices sous les dehors de la vertu.

Marie vous aime.

EMPLOI ET CONCORDANCE DES MOTS.

Les *déterminatifs génériques* et *possessifs* doivent toujours précéder les substantifs qui sont dans une phrase : 1° Quand il y a un de ces déterminatifs devant le premier substantif. Exemples :

Le cœur, l'esprit, les mœurs, tout gagne à la culture.
Il faut régler ses goûts, ses travaux, ses plaisirs.

2° Devant les substantifs qui désignent une espèce. Exemple :

Les hommes, les chevaux, les bœufs, tout fut englouti.

3° Devant tout mot employé comme substantif. Exemple :

Le bon, le beau, le boire, le manger.

4° Devant les qualificatifs qui sont dans une phrase dont le substantif n'est pas exprimé. Exemple :

Les beaux vers ravisent, les mauvais rebutent.

Les déterminatifs doivent se supprimer : 1° Devant les substantifs pris dans une partie indéterminée de leur signification. Exemples :

Les chemins y sont bordés de lauriers, de grenadiers, de jasmins et d'autres arbres toujours verts.

Voici de bon papier, voyez de belles maisons.

2° Devant les substantifs individuels. Exemple :

J.-J. Rousseau est un philosophe profond.

3° Devant les substantifs en apostrophe, ou quand ils sont en forme d'adresse. Exemples :

Hommes, soyez humains ?

Observation sur l'état de l'Europe.

4° Quand les substantifs sont précédés de *en*, ou unis aux affirmatifs *avoir* et *faire*. Exemples :

Être en ville, regarder en pitié.

Avoir envie, faire brèche.

5° Quand les substantifs sont suivis des mots *tout*, *chacun*, ou précédés de *ni*, *soit*, et lorsqu'on fait une énumération. Exemples :

Hommes, femmes, enfants, tous y accoururent.

Officiers et soldats, chacun murmurait contre le général.

Ni magistrats, ni soldats, ni citoyens ne furent contents.

Soit inspiration de Dieu, etc.

Citoyens, étrangers, ennemis, peuples, rois, le plaignent et le révèrent.

Les qualificatifs exprimant la qualité des substantifs et ne faisant qu'un avec lui, sont nécessairement du même genre et du même nombre que les substantifs auxquels on les attribue. Exemple :

Un homme bon, une femme bonne.

Lorsqu'un qualificatif se rapporte à deux substantifs singuliers, on le met au pluriel, et si les substantifs sont de différents genres, il se met en outre au masculin. Exemples :

Le papier et le crayon utiles.

La femme et l'homme prudents.

Mais lorsque le qualificatif se rapporte à des substantifs qui sont compléments d'un affirmatif, ou sont précédés d'un expositif, le qualificatif se met au genre et au nombre du dernier des substantifs. Exemple :

Napoléon, après avoir gouverné la France en tyran avec une habileté étonnante, montra au monde un courage et une résignation continuelle dans le malheur, digne des plus grands éloges.

Lorsque le sujet d'une proposition est un substantif collectif, le qualificatif s'accorde avec le collectif ; mais, si le sujet est un partitif il doit s'accorder avec le substantif qui est après le partitif. Exemples :

L'armée des ennemis fut vaincue.

La plupart des soldats sont partis.

Les pronoms *me, te, se, nous, vous, le, la, les, lui, leur, en, y* se placent toujours dans la phrase avant l'affirmatif ; et *moi, toi, soi, nous, vous, lui, elle, eux, y* se mettent après quand ils sont précédés d'un expositif. Exemples :

Lucien me donnera son livre. Nous irons vous voir. Vous viendrez à la campagne. Si vous avez des livres vous les prêterez à mon frère. Il faut lui donner satisfaction. Vous servirez-vous de moi. Il aura affaire à toi.

L'ivrognerie entraîne avec soi des désordres.

Lorsque dans une phrase on emploie plusieurs

pronoms à la suite les uns des autres, *me, te, nous, vous, se*, se placent les premiers ; *le, la, les* se mettent les seconds ; et *lui, leur, y, en*, se placent les derniers. Exemple :

Aristide demande notre amitié, pouvons-nous la lui refuser.

Les pronoms *je, tu, il*, ne peuvent s'employer que comme sujet ; *nous, vous, toi, lui, eux, elles*, s'emploient comme sujet et comme complément ; *me, te, le, leur, la, les, en, y*, ne peuvent s'employer qu'en complément ; *toi, vous* sont les seuls qu'on emploie en apostrophe.

Les pronoms employés comme sujets dans une phrase se répètent devant tous les affirmatifs qui ne sont pas au même temps. Exemple :

Je soutiens et je soutiendrai toujours qu'on ne peut être heureux sans la vertu.

L'affirmatif est toujours du même nombre et de la même personne que le sujet de la proposition, et s'il se rapporte à plusieurs sujets singuliers, il se met au pluriel. Exemples :

Télémaque et Mentor s'avancèrent vers le rivage.

L'amour du travail et de la vertu sont nécessaires.

Mais, lorsque les sujets d'une proposition sont de différentes personnes et séparés par les mots *ni, ou*, ou lorsque les divers sujets de la phrase ont après eux une expression qui les réunit tous, l'affirmation reste au singulier. Exemples :

Lucien ou Aristide ira à la campagne.

Le cœur, l'esprit, les mœurs, tout gagne à la culture.

Lorsque, dans une période, l'affirmatif de la

première proposition est un présent ou un futur, celui de la seconde proposition doit se mettre au présent du subjonctif si l'on veut exprimer un présent ou un futur. Exemples :

Je désire que tu écrives.
Je voudrai que tu viennes.

Mais si l'affirmatif de la première proposition est à l'indéfini, au passé ou au conditionnel, celui de la seconde doit se mettre au passé du subjonctif. Exemples :

Je désirais
Je désirai } que tu chantasses.
Je désirerais

Le radical et l'actif de l'infinitif ne prennent ni genre ni nombre, quelque place qu'ils occupent dans le discours. Mais, le passif de l'infinitif prend le genre et le nombre du sujet : 1° Lorsqu'il est précédé de l'affirmatif absolu *être*. Exemples :

Les enfants sont arrivés.
La femme est arrivée.

2° Il s'accorde avec le complément de la proposition lorsqu'il est précédé de l'affirmatif *avoir*, et que le complément est avant l'affirmatif. Exemples :

La victoire qu'ils ont remportée.
Les difficultés que nous avons éprouvées.

3° Lorsqu'il est suivi d'un radical et que ce radical peut se changer en actif. Exemples :

La femme que j'ai entendue chanter,
   C'est-à-dire, chantant.
Les enfans que j'ai vus jouer.
   C'est-à-dire, jouant.

4º Lorsque entre le passif et le radical il se trouve un expositif, si l'on peut placer l'affirmatif entre le passif et l'expositif. Exemples :

Les soldats qu'on a contraints de marcher.
On a contraint les soldats de marcher.
La fable que je vous ai donnée à étudier.
Je vous ai donné la fable à étudier.

Mais dans tous les autres cas le passif reste invariable.

Le mot *tout* ne prend ni genre ni nombre : 1º Lorsqu'il est employé comme substantif, pour désigner un être ; 2º Lorsqu'il est mis pour le mot *chaque* ; 3º Quand il est devant un qualificatif masculin, ou devant un qualificatif féminin qui commence par une voyelle. Exemples :

La jeunesse est présomptueuse, quoique fragile elle croit pouvoir tout.
Tout tombe, tout périt autour de l'homme, tout citoyen doit servir sa patrie.
Les hommes tout ingrats qu'ils sont.
Les géomètres tout savants qu'ils paraissent.
Eucaris tout interdite qu'elle était.
Les femmes tout ingénieuses qu'elles sont.

Mais, lorsque le mot *tout* est suivi d'un substantif ou d'un qualificatif féminin qui commence par une consonne, il prend le genre et le nombre du substantif ou du qualificatif. Exemples :

Tous les peuples ne sont pas libres.
Toutes les nouveautés ne sont pas bonnes.
Toute la maison est brûlée.
Toute polie que paraisse cette femme.
Toutes prudentes que sont ces dames.

Le mot *quelque*, placé devant un substantif, prend le nombre. Exemple :

Quelques hommes savants.

Mais, suivi d'un qualificatif, il reste invariable. Exemple :

Quelque savants que soient ces hommes.

Lorsqu'il est suivi d'un des temps du subjonctif, il forme deux mots et prend le genre et le nombre du substantif qui suit l'affirmatif. Exemples :

Quel que soit son talent.
Quels que soient ses biens.
Quelle que soit sa conduite.
Quelles que soient ses connaissances.

DE LA PONCTUATION.

La ponctuation consiste à séparer, à l'aide de signes convenus, les différentes phrases entre elles, et les sens différents de chaque partie de phrases, les signes qu'on emploie pour cela sont : la *virgule*, le *point-virgule*, le *point*, le *deux-point*, le *point interrogatif*, le *point exclamatif*, les *points suspensifs*, le *trait-d'union* et les *guillemets*.

La virgule s'emploie :

1º Pour séparer plusieurs sujets qui se rapportent au même affirmatif. Exemple :

La richesse, les plaisirs, la santé deviennent des maux pour qui ne sait pas en jouir.

2º Pour séparer plusieurs affirmatifs et plusieurs attributs qui se rapportent au même sujet. Exemples :

Jules boit, mange, joue, se promène, dort.
La charité est patiente, douce, bienfaisante.

3° Pour séparer les compléments qui se rapportent à la même proposition. Exemples :

Aristide sait régler ses goûts, ses travaux, ses plaisirs.

4° Pour séparer plusieurs propositions dont chacune a un sens complet, mais dont le tout se rapporte à la première. Exemple :

Tibule est sans contredit le premier de nos poëtes lyriques, sa philosophie est douce, sa mélancolie est touchante, son coloris est brillant, ses tableaux sont animés, sa sensibilité est profonde.

5° Pour séparer, dans une période, les propositions incidentes explicatives de la principale. Exemple :

Les passions, qui sont les maladies de l'âme, ne viennent que de notre révolte contre la raison.

Le point-virgule s'emploie pour séparer les membres d'une période dont les autres parties sont déjà séparées par des virgules, et pour séparer chaque proposition opposée. Exemples :

Parler beaucoup et bien c'est, c'est le talent du bel esprit ; parler beaucoup et mal, c'est le défaut du fat ; parler peu et bien, c'est le caractère du sage.

La nature donne la force du génie, la trempe du caractère, et le moule du cœur ; l'éducation ne fait que modifier le tout.

Le deux-point s'emploie : 1° Après une phrase finie mais suivie d'une autre qui sert à la développer ; 2° Après une proposition qui énonce une énumération ; 3° Après qu'on a énoncé un discours qu'on va rapporter. Exemples :

Il ne faut jamais se moquer des misérables : car, qui peut s'assurer d'être toujours heureux.

On demande quatre choses à une femme : que la vertu habite son cœur; que la modestie brille sur son front; que la douceur découle de ses lèvres; et que le travail occupe ses mains.

Pytagore a dit : Mon ami est un autre moi-même.

Le point s'emploie à la fin de toute phrase qui a un sens fini. Exemple :

Le travail est toujours le père du plaisir.

Le point interrogatif se met après toutes les phrases interrogatives. Exemple :

Veux-tu devenir homme de bien? Fréquente les bons, évites les méchants et ne demeure jamais oisif.

Le point exclamatif se place après toutes les phrases qui expriment un mouvement spontané de l'âme. Exemple :

Hélas! quel est le prix de la vertu sur la terre!

Les points suspensifs marquent une interruption de la phrase. Le trait-d'union, le changement d'interlocuteur ou à réunir deux mots. Les guillemets, une citation et se placent au commencement et à la fin de la citation. Il suffit de voir une fois l'emploi de ces trois derniers signes pour savoir s'en servir.

DE LA RHÉTORIQUE.

La *rhétorique* est la partie de l'art grammatical qui indique les moyens de persuader, soit en parlant, soit en écrivant.

Persuader, c'est mener les hommes à faire ou à ne pas faire quelque chose. Pour persuader en parlant il faut posséder l'éloquence qui est le talent de bien dire, talent que la nature seule peut donner. Pour persuader en écrivant il faut avoir du génie qui est aussi un don de la nature.

L'art ne donne donc ni l'éloquence ni le génie, mais il guide l'une et développe l'autre par l'étude des préceptes qu'indique la rhétorique, et c'est par lui qu'on arrive à la perfection de l'éloquence et à celle d'écrivain.

Les compositions oratoires sont d'une infinité d'espèces différentes, mais elles rentrent toutes plus ou moins dans trois genres principaux que l'on nomme : *démonstratif, délibératif* et *judiciaire*.

Le genre démonstratif comprend toutes les compositions dont le but est de louer ou de blâmer, telles que les discours académiques, les oraisons funèbres, les panégyriques, les satyres, les pamphlets, etc.

Le genre délibératif, celles dont le but est de conseiller ou de dissuader. Ce genre comprend les sermons, les harangues militaires, et les discours de la tribune.

Le genre judiciaire, celles où il est question de défendre ou d'accuser, c'est l'éloquence du barreau. Ce genre comprend donc les plaidoyers, les mémoires, les factum, etc.

Dans toute composition oratoire, il faut trouver les choses qu'on doit dire, les arranger convenablement et les exprimer du mieux possible, cela divise naturellement la rhétorique en trois parties, savoir : *l'invention, la disposition* et *l'élocution*.

DE L'INVENTION.

L'invention consiste à trouver les preuves, les pensées et les raisonnements qui doivent entrer dans le discours, afin de persuader les hommes à qui on parle ; pour cela il faut donc choisir les idées les plus convenables au sujet qu'on traite, les exprimer par des pensées vraies et susceptibles d'émouvoir les passions ; or, on parvient à ce résultat à l'aide des arguments et des moyens oratoires.

Les arguments sont diverses combinaisons qu'on fait subir aux propositions, afin d'en tirer des conséquences en rapport au but qu'on se propose. On distingue six espèces d'arguments, qui sont : *le syllogisme, l'enthymème, l'épichérème, le sorite, le dilemme* et *l'exemple*.

Le syllogisme est un argument composé de trois propositions dont la dernière est déduite de la première. Exemple :

Il faut aimer ce qui nous rend heureux.
Or, la vertu nous rend heureux.
Donc, il faut aimer la vertu.

Les deux premières propositions d'un syllogisme se nomment *prémices* et la dernière *conclusion*.

L'enthymème n'est autre chose qu'un syllogisme, privé d'une prémice. Exemple :

La vertu nous rend heureux.
Donc, il faut aimer la vertu.

L'épichérème est un argument dont chaque

prémice est accompagnée de sa preuve ; il met la vérité dans tout son jour, de manière à ne rien laisser de douteux dans l'esprit. Exemple :

Quand on récompense bien ceux qui excellent dans les arts, on est sûr de trouver des hommes qui les portent à la perfection ; car, les hommes qui ont le plus de talent ne manquent pas de s'adonner aux arts auxquels les grandes récompenses sont attachées ; or, à Tyr, on récompense bien ceux qui s'adonnent aux arts. Donc, on est sûr de ne jamais manquer d'artistes célèbres.
(FÉNÉLON.)

Le sorite est une suite de syllogismes qui ont une même conclusion. Exemple :

Les avares sont pleins de désirs.

Ceux qui sont pleins de désirs manquent de beaucoup de choses. Ceux qui manquent de beaucoup de choses sont misérables. Donc, les avares sont misérables.

Le dilemme est l'union de deux syllogismes qui mènent à la même conclusion, de manière que ceux à qui l'on l'adresse, quelque réponse qu'ils donnent, ils sont battus. Exemple :

Docteur, dites-moi donc, quand nous sommes absouts,
Le Saint-Esprit est-il ou n'est-il pas en nous ?
S'il est en nous, peut-il, n'étant qu'amour lui-même,
Ne nous échauffer point de son amour suprême.
Et s'il n'est pas en nous, Satan, toujours vainqueur,
Ne demeure-t-il pas maître de notre cœur. (BOILEAU.)

L'exemple est un argument d'où l'on déduit une proposition d'une autre. Exemple :

Dieu pardonna à David accusé de son repentir ; donc, il vous pardonnera si vous vous repentez.

DES MOYENS ORATOIRES.

Les divers aspects sous lesquels on considère un sujet, forment ce qu'on nomme *moyens oratoires*, qui sont comme des formules propres à tous les sujets, et qui fournissent à l'orateur des ressources, tant pour attaquer que pour défendre. Ces moyens oratoires sont au nombre de dix, savoir :

La *définition*, l'*énumération des parties*, la *similitude*, la *comparaison*, la *différence*, les *circonstances*, les *conséquences*, les *causes*, les *effets* et l'*induction*.

La *définition* sert à donner une idée précise du sujet. Exemple :

Le véritable orateur est celui qui ne se sert de la parole que pour la vérité.   (FÉNELON.)

L'*énumération* consiste à parcourir toutes les circonstances qui conviennent à un sujet de les détailler, afin d'en donner une idée complète. Exemple :

Chaque âge a ses plaisirs, son esprit et ses mœurs,
Un jeune homme, toujours bouillant dans ses caprices,
Est prompt à recevoir l'impression des vices,
Est vain dans ses discours, volage en ses desseins,
Rectif à sa censure, et fou dans ses plaisirs.
L'âge viril, plus mûr, inspire un air plus sage,
Se pousse auprès des grands, s'intrigue, se ménage,
Contre les coups du sort, songe à se maintenir,
Et loin dans le présent, regarde l'avenir,
Etc., etc.   (BOILEAU.)

La *similitude* sert à faire connaître les convenances qui peuvent exister entre des choses d'espèces différentes. Exemple :

Ainsi qu'un fleuve, le temps s'écoule dans une agitation continuelle, l'un et l'autre ne peuvent s'arrêter. Un flot, poussé par le flot qui vient après lui, chasse celui qui le devance ; de même, le temps fuit et est remplacé par le temps qui lui succède ; chaque moment est toujours nouveau. (OVIDE.)

La *différence* consiste à faire voir en quoi un objet diffère d'un autre. Exemple :

Le vrai sage n'est pas celui qui vante la sagesse, mais celui qui la cultive, il n'a pas la vertu sur les livres, mais dans le cœur.

On entend par *cause* ce qui a le pouvoir de produire, elles sont *matérielles*, *formelles*, *efficientes* ou *finales*. Elles sont *matérielles* quand elles désignent la matière dont une chose est faite ; *formelles* si elles désignent la forme des choses ; *efficientes* quand elles font connaître par lesquelles une chose existe ; et *finales* si elles indiquent le but qu'on se propose. Exemple :

Les pierres sont les causes matérielles d'une maison, leur arrangement, la forme qui distingue une maison d'autre chose ; l'architecte est la cause efficiente par qui la maison existe, et les avantages qu'on s'en propose en sont la cause finale.

Les *effets* sont la suite nécessaire des *causes*. En considérant la cause et les effets on loue, on blâme une action, on la conseille ou on en détourne. Exemple :

Jeunes gens, apprenez qu'il n'y a pas de fléau plus terrible que la volupté, puisqu'elle allume en nous les plus violentes passions et qu'elle ne respecte rien pour les satisfaire; c'est elle qui conduit à trahir la patrie, à bouleverser les républiques et à avoir de secrets entretiens avec l'ennemi; il n'est point de crime, point d'attentat auxquels la volupté ne porte.

Les *circonstances* sont les faits qui ont précédés, accompagnés ou suivis une action, c'est par elle qu'on établit son authenticité, aussi demandent-elles d'être examinées avec le plus grand soin. Exemple :

Un crime a été commis, il faut examiner par qui? en quel lieu, par quels moyens? par quels motifs? comment? en quel temps? etc., afin de connaître la criminalité ou l'innocence de l'action.

La *comparaison* consiste à comparer les choses et les actions entre elles afin d'en tirer une conclusion. Exemple :

Si l'homme le plus savant ignore beaucoup de choses, combien donc, en ignorent les demi-savants?

L'*induction* est la conséquence qui résulte de ce qu'un homme a dû faire vu supposition.

DES PASSIONS.

Les *passions* sont des sentiments de l'âme qui nous portent vers un objet ou qui nous en éloignent. C'est par elle que l'orateur triomphe lorsqu'il sait les faire naître à propos. Par elle il entraîne ses

5.

auditeurs en les faisant passer de la joie à la tristesse, de la colère à la pitié, de la froideur à l'enthousiasme. Aussi doit-il les étudier avec le plus grand soin.

L'amour et la haine sont l'origine de toutes les passions. L'amour prend le nom de tendresse, de reconnaissance, d'admiration, etc., et la haine ceux de colère, ressentiment, vengence, etc. On excite donc à l'amour sous quelques noms qu'elle se présente, en la peignant avec des couleurs agréables, sous des aspects utiles, et on excite au contraire à la haine en la montrant avec des traits repoussants et nuisibles.

DE LA DISPOSITION.

La *disposition* n'est autre chose que l'arrangement de toutes les parties du discours dans l'ordre le plus naturel, et de manière qu'on puisse les apercevoir sans les confondre. Tout discours se compose de cinq parties, qui sont : l'*exorde*, la *narration*, la *confirmation*, la *réfutation* et la *péroraison*.

L'*exorde* est le tableau abrégé de tout ce que renferme le discours; or, comme les sujets de composition sont d'une infinité d'espèces, et que les dispositions des auditeurs ne sont pas toujours les mêmes, il y a nécessairement plusieurs espèces d'*exordes*, mais qui, néanmoins, rentrent toutes dans deux espèces principales : le *simple* et le *véhément*. Ainsi, le sujet est-il de peu d'importance ou imposant, et les auditeurs paraissent-ils bienveillants, on se contente d'exposer le fait avec simplicité et précision, c'est l'*exorde simple*; mais, si l'auditoire paraît préoccupé par de grandes passions et qu'on ait à s'occuper de grands intérêts, l'orateur entrera en matière brusquement, afin de tirer parti, par ce début *véhément*, de l'attention des auditeurs, de s'emparer des esprits, pour ainsi dire, et les entraîner, par sa rapide éloquence, à ses vues, c'est l'*exorde véhément*. Exemple :

A la vue d'un auditoire si nouveau pour moi, il semble, mes frères, que je ne devrais ouvrir la bouche que pour demander grâce en faveur d'un pauvre missionnaire dépourvu de tous les talents que vous exigez, quand on vient vous parler de votre salut. J'éprouve cependant aujourd'hui un sentiment bien différent ; et, si je suis humilié, gardez-vous de croire que je m'abaisse aux misérables inquiétudes de la vanité. A Dieu ne plaise qu'un ministre du ciel pense jamais avoir besoin d'excuses auprès de vous ; car, qui que vous soyez, vous n'êtes, comme moi, que des pécheurs. C'est devant votre Dieu et le mien, que je me sens pressé, dans ce moment, de frapper ma poitrine. Jusqu'à présent, j'ai publié les justices du Très-Haut dans des temples couverts de chaumes ; j'ai prêché les rigueurs de la pénitence à des infortunés qui manquaient de pain ; j'ai annoncé aux bons habitants des campagnes les vérités les plus effrayantes de ma religion. Qu'ai-je fait, malheureux ? J'ai contristé les pauvres, les meilleurs amis de mon Dieu ; j'ai porté l'épouvante et la douleur dans ces âmes simples et fidèles que j'aurais dû plaindre et consoler. C'est ici, où mes regards ne tombent que sur des grands, sur des riches, sur des oppresseurs de l'humanité souffrante ou sur des pécheurs audacieux et endurcis. Ah ! c'est ici seulement qu'il fallait faire retentir la parole sainte dans toute la force de son tonnerre, et placer avec moi, dans cette chaire, d'un côté, la mort qui vous menace, et de l'autre mon grand Dieu qui vient vous juger. Je tiens aujourd'hui votre sentence à la main ! Tremblez donc devant moi, hommes superbes et dédaigneux qui m'écoutez ! La nécessité du salut, la certitude de la mort, l'incertitude de cette heure si effroyable pour vous, l'impénitence finale, le jugement dernier, le petit nombre des élus, l'enfer, et par-dessus tout, l'éternité! voilà les sujets dont je viens vous entretenir, et que j'aurais dû sans doute réserver pour vous seuls. Eh! qu'ai-je besoin de vos suffrages, qui me damneraient peut-être sans vous sauver? Dieu va vous émouvoir, tandis que son indigne ministre vous parlera : car j'ai acquis une longue expérience de ses miséricordes. Alors, pénétrés d'horreur pour vos iniquités passées, vous viendrez vous jeter entre mes bras, en versant des larmes de componction et de repentir, et, à force de remords, vous me trouverez assez éloquent.

SERMON DU MISSIONNAIRE BRIDAINE. — (*Prêché à Saint-Sulpice, en* 1751.)

Exemple d'exorde simple :

Celui qui règne dans les cieux et de qui relèvent tous les empires, à qui seul appartient la gloire, la majesté et l'indépendance, est aussi le seul qui se glorifie de faire la loi aux rois, et de donner, quand il lui plaît, de grandes et terribles leçons. Soit qu'il élève les trônes, soit qu'il les abaisse, soit qu'il communique sa puissance aux princes, soit qu'il la retire à lui-même, et ne leur laisse que leur propre faiblesse, il leur apprend leurs devoirs d'une manière souveraine et digne de lui; car, en leur donnant la puissance, il leur commande d'en user comme il le fait lui-même pour le bien du monde; et il leur fait voir, en la retirant, que toute leur majesté est empruntée; et que, pour être assis sur le trône, ils n'en sont pas moins sous sa main et sous son autorité suprême. C'est ainsi qu'il instruit les princes, non-seulement par des discours, mais encore par des effets et par des exemples. Entendez, ô grands de la terre; apprenez votre devoir, arbitres du monde!

BOSSUET. — (*Oraison funèbre de la reine d'Angleterre.*)

DE LA NARRATION.

La *narration* est l'exposition du sujet, elle doit

être claire, vraisemblable et aussi courte que possible, exemple :

BATAILLE DE MUNDA.

Munda fut la dernière bataille que livra César. Là son ascendant ordinaire parut l'abandonner un moment. Le combat fut long-temps douteux, et le danger imminent. Il semblait que la fortune délibérât avec elle-même.

César, sur le point de combattre, avait paru triste, contre son ordinaire ; soit qu'il fit réflexion sur la fragilité des choses humaines, et qu'il se méfiât d'une trop longue prospérité, soit que, monté aussi haut que Pompée, il craignit la même chute.

Dans le fort du combat, dans le moment où le carnage était égal des deux côtés, on vit ce qui n'était jamais arrivé : les deux armées s'arrêter, comme de concert, et demeurer en silence. Enfin, César eut la douleur de voir ses vétérans, éprouvés par quatorze ans de victoire, reculer pour la première fois ; mais c'était plutôt un reste de prudence qu'un effet de découragement. César descend de cheval, et s'élance, plein de fureur. Aux premières lignes, il arrête les fuyars ; il court dans les rangs, rassure les soldats par ses cris, ses gestes, ses regards. On dit que, dans ce moment de crise, il songea à se donner la mort, et qu'on vit sur son visage la pensée funeste qui l'agitait. (*Fragment de* FLORUS.)

DE LA CONFIRMATION.

La *confirmation* déduit les preuves de ce qu'on a avancé dans l'*exorde* et la *narration*. C'est de ces preuves que dépend toute la force du discours. Il est donc important qu'elle ne laisse rien à désirer.

C'est là qu'il faut que l'orateur prenne ceux à qui il parle, par leurs passions dominantes, s'il veut les émouvoir et se faire écouter. Exemple :

Hégésipe voulant ramener Philoclès à la cour d'Idoménée, lui dit :

Etes-vous donc insensible au plaisir de revoir vos proches et vos amis qui soupirent après votre retour, et que la seule espérance de vous embrasser comble de joie? Mais, vous qui craignez les Dieux et qui aimez votre devoir, comptez-vous pour rien de servir votre roi, de l'aider dans tous les biens qu'il veut faire, et de rendre tant de peuples heureux? Est-il permis de s'abandonner à une philosophie sauvage, de se préférer à tout le reste du genre humain, et d'aimer mieux son repos, que le bonheur de ses concitoyens? Au reste, on croira que c'est par ressentiment que vous ne voulez plus voir le roi. S'il a voulu vous faire du mal, c'est qu'il ne vous a point connu; ce n'était pas le véritable, le bon, le juste Philoclès qu'il a voulu faire périr. C'était un homme bien différent qu'il voulait punir.

Mais, maintenant qu'il vous connaît et qu'il ne vous prend plus pour un autre, il sent toute son ancienne amitié revire dans son cœur; il vous attend; déjà il vous tends les bras pour vous embrasser. Dans son impatience il compte les jours et les heures; aurez-vous le cœur assez dur pour être inexorable à votre roi et à tous vos plus tendres amis? (FÉNELON.)

DE LA RÉFUTATION.

La *réfutation* est la réponse aux objections de l'adversaire; on réfute en niant, en excusant, ou en opposant des preuves contraires, exemple :

D'un mensonge aussi noir, justement irrité,
Je devrais faire ici parler la vérité,
Seigneur! mais je supprime un secret qui vous touche,
Approuvez le respect qui me ferme la bouche;
Et sans vouloir vous même augmenter vos ennuis,
Examinez ma vie, et songez qui je suis.
Quelques crimes toujours, précèdent les grands crimes,
Quiconque a pu franchir les bornes légitimes,
Peut violer enfin les droits les plus sacrés,
Ainsi que la vertu, le crime a ses degrés.
Et jamais on n'a vu la timide innocence,
Passer subitement à l'extrême silence.
Un jour seul ne fait point, d'un mortel vertueux,
Un perfide assassin, un lâche incestueux.
On sait de mes chagrins l'inflexible rigueur;
Le jour n'est pas plus pur que le fond de mon cœur.
(RACINE.)

DE LA PÉRORAISON.

La *péroraison* est l'analyse de tout ce qui a été dit ou discuté, afin d'en tirer une conclusion. C'est dans cette partie du discours que l'orateur doit faire une peinture vive des objets, afin d'en laisser une forte impression dans les esprits, exemple :

Eh quoi ! pour avoir perdu le champ de bataille, tout est-il perdu ? Une volonté inflexible nous reste encore, un désir ardent de vengence, une haine immortelle, un courage indomptable, sommes-nous vaincus ? Non, malgré sa colère, malgré toute sa puissance, il n'aura point la gloire de m'avoir forcé à fléchir un genou suppliant pour lui demander grâce. Je ne reconnaîtrai jamais pour souverain celui dont ce bras a pu faire chanceler l'empire ; ce serait une bassesse, une ignominie, un affront plus sanglant encore que notre défaite. Cherchons notre consolation dans les secrets du destin.

Notre substance est immortelle ; nos âmes sont toujours les mêmes ; nos lumières sont augmentées, nous pouvons donc, avec plus d'espoir de succès, par force ou par ruse, faire une guerre éternelle à notre grand ennemi, qui maintenant triomphe, et qui, charmé de régner seul, exerce dans le ciel toute sa tyrannie. (MILTON.)

DE L'ÉLOCUTION.

L'*élocution* consiste à orner ce qu'on dit par des expressions choisies, propres à gagner le cœur en charmant l'oreille à l'aide de pensées et de figures convenables au sujet.

Les *pensées* sont des conceptions de l'âme qui présentent les objets tels qu'on les conçoit ; elles sont l'âme du discours ; elles doivent être agréables, fortes, nobles, naturelles, etc., suivant les sujets. Une pensée est agréable lorsqu'elle plaît par le tour ingénieux avec lequel on la rend ; elle est forte si elle peint le mouvement de l'âme et les efforts d'une passion violente ; noble, si elle représente de grandes actions, l'élévation de l'âme, la puissance, la générosité, le courage ; elle est nouvelle quand on l'invente ou qu'on l'exprime tout différemment qu'elle ne l'a déjà été par d'autres ; et naturelle, si elle naît naturellement du sujet sans qu'on ait besoin de la chercher.

En *rhétorique* on nomme *figures* certaines manières de s'exprimer qui en donnant plus de force au discours, y répandent de la vérité et de l'agrément. Les *figures* sont de mots ou de pensées. Les *figures de pensées* ne peuvent changer, quelque renversement qui s'opère dans les termes ; celles des *mots*, dépendant des sens qu'on leur donne, disparaissent si l'on change le mot.

Les figures des mots sont :

La *métaphore* qui consiste dans l'emploi d'un mot dans un sens différent du sien, afin de rendre sensible ce qui ne l'est pas, et peindre sous des traits plus vifs et plus originaux les objets ; comme quand on dit :

D'un homme courageux, c'est un lion. D'un homme rusé, c'est un renard.

L'*allégorie* renferme, sous un sens propre, un sens figuré. Exemple :

Pour moi, sur cette mer qu'ici bas nous courons,
Je songe à me pourvoir d'esquifs et d'avirons,
A régler mes désirs, à prévenir l'orage,
Et sauver, s'il se peut, ma raison du naufrage.

(BOILEAU.)

La *catachrèse* est l'emploi d'un mot pour une chose à laquelle il n'est pas destiné, comme quand on dit :

Une feuille de papier, la langue française.

La *métonimie* est l'emploi de l'effet pour la cause ou de la cause pour l'effet, du contenant pour le contenu. Exemple :

Boire une bouteille, pour dire ce qui est dedans.

La *métaleps* fait entendre un sens différent que le sens propre. Exemple :

J'irai vous voir à la moisson, pour dire, au temps de la moisson.

La *sinidoche* restraint la signification des mots en prenant le genre pour l'espèce, ou l'espèce pour le genre, la partie pour le tout, etc., comme quand on dit :

Les mortels, au lieu des hommes. Une flotte de cent voiles, au lieu de dire cent vaisseaux.

L'*antonomase* a lieu quand on prend un nom générique pour un nom individuel, ou un nom individuel pour un générique. Ainsi quand on dit :

D'un homme cruel, c'est un Néron ; d'un brave, c'est un César.

L'*ellipse* est la suppression de quelques mots qui se conçoivent sans qu'on ait besoin de les énoncer. Exemple :

Je t'aimais inconstant, qu'aurais-je fait, fidèle ?

Au lieu de dire :

Si je t'aimais, quoique tu fusses inconstant, qu'aurais-je fait si tu avais été fidèle?

Le *pléonasme* est une répétition des mêmes mots. Exemple :

Je l'ai vu, dis-je vu, de mes propres yeux vu, ce qu'on appelle vu. (MOLIÈRE.)

Les figures de *pensées* sont.

L'*interrogation*, par laquelle on adresse des questions, non pour obtenir une réponse, mais afin d'attirer l'attention des auditeurs. Exemple :

Dieu dit à son peuple : mon peuple, que vous ai-je fait? En quoi vous ai-je donné sujet de vous plaindre? Répondez-moi? Est-ce à cause que je vous ai tiré de l'Égypte, ou que je vous ai délivré de la servitude?

(MICHÉE.)

L'*apostrophe*, par laquelle l'orateur s'adresse à tous les êtres de la nature. Exemples :

Écoutez, rois de la terre, et vous juges du monde, apprenez votre devoir. (DAVID.)

Ciel, soit pénétré d'horreur, et vous portes éternelles, soyez dans la désolation. (ÉZÉCHIEL.)

La *subjection* a lieu lorsque l'orateur répond à ses propres questions. Exemples :

Quel est la cause de bien des désastres? L'oisiveté. Il faut donc employer utilement le temps. Quels sont les effets d'une sage conduite? Le calme de la conscience et l'estime publique. Nous sommes donc intéressés à nous bien conduire.

L'*exclamation* est l'expression spontanée d'un mouvement de l'âme. Exemple :

O caverne, disais-je, jamais je ne te quitterai, tu seras mon tombeau ! plus d'espérance ! qui me donnera un glaive pour me percer ! Oh ! si les oiseaux de proie pouvaient m'enlever ! je ne les percerai plus de mes flèches, ô arc précieux ! arc consacré par les mains de Jupiter ! ô mon cher Hercule ! s'il te reste encore quelque sentiment, n'es-tu pas indigné, cet arc n'est plus dans les mains de ton fidèle ami, il est dans les mains impures et trompeuses d'Ulysse ; oiseaux de proie, bête farouche, ne fuyez plus cette caverne ; je n'ai plus de flèches ! misérable ! je ne puis vous nuire, venez me dévorer.

(FÉNÉLON.)

La *prosoposée* a lieu lorsque l'orateur prête dans sa diction des sentiments à tout, en faisant parler les morts, les vivants, les plantes, les montagnes, etc. Exemples :

Je songeais cette nuit que de mal consumé,
Côte à côte d'un pauvre on m'avait inhumé,
Moi, ne pouvant souffrir ce fâcheux voisinage ;
En mort de qualité, je lui tins ce langage :
Retire-toi, coquin, va pourrir loin d'ici ;
Il ne t'appartient pas de m'approcher ainsi.
Coquin, ce me dit-il, d'une arrogance extrême !
Va chercher tes coquins ailleurs, coquin toi-même !
Ici tous sont égaux ; je ne te dois plus rien :
Je suis sur mon fumier comme toi sur le tien.

(PATRIS.)

L'*obsécration* est une prière qu'on adresse pour obtenir une faveur. Exemple :

O mon fils, je te conjure par les mânes de ton père, par ta mère, par tout ce que tu as de plus cher sur la terre, de ne pas me laisser dans les maux que tu vois.

Je n'ignore pas combien je te serai à charge, mais il y aurait de la honte de m'abandonner ; jette-moi à la proue, à la poupe, à la sentine même, partout où je t'incommoderai le moins. Il n'y a que les grands cœurs qui sachent combien il y a de gloire à être bon, ne me laisse point en un désert où il n'y a aucun vestige d'homme. Mène-moi dans ta patrie ou dans l'Eubée, qui n'est pas loin des bords agréables du fleuve Sperchius. Rends-moi à mon père, hélas ! je crains qu'il ne soit mort ! je lui avais mandé de m'envoyer un vaisseau : ou il est mort, ou bien ceux qui m'avaient promis de lui dire ma misère ne l'ont pas fait. J'ai recours à toi, ô mon fils ! souviens-toi de la fragilité des choses humaines : celui qui est dans la prospérité doit craindre d'en abuser et secourir les malheureux.

(FÉNÉLON.)

L'*imprécation* consiste à faire des vœux contre quelqu'un. Exemple :

Punissez l'assassin, Dieu, qui le connaissez ;
Soleil, cache à ses yeux le jour qui nous éclaire,
Qu'en horreur à ses fils, exécrable à sa mère,
Errant, abandonné, proscrit dans l'univers,
Il rassemble sur lui tous les maux des enfers.

(VOLTAIRE.)

L'*hypotipose* peint les choses avec de si vives couleurs, que les auditeurs croient les voir. Exemple :

La mollesse oppressée,
Dans sa bouche, à ce mot sent sa langue glacée,
Et, lasse de parler, succombant sous l'effort,
Soupire, étend les bras, ferme l'œil et s'endort.

(BOILEAU.)

L'*ironie* a lieu lorsqu'on tourne les personnes en ridicule, en paraissant les combler d'éloges. Exemple :

Puisque vous le voulez, je vais changer de style ;
Je le déclare donc : Quinault est un Virgile ;
Pradon, comme un soleil en nos ans a paru.
(BOILEAU.)

L'*hiperbole* est une exagération outrée des objets. Exemples :

Cet homme est plus fort qu'un lion.
Ce cheval va plus vite que le vent.

La *circonlocution* est l'emploi de plusieurs mots pour dire ce qu'on pourrait exprimer avec moins de paroles. Elle sert à orner le discours en rendant les pensées plus brillantes. Exemple :

L'aurore, cependant, au visage vermeil,
Ouvrait dans l'Orient, les portes du soleil.
(VOLTAIRE.)

L'*antithèse* est l'emploi de mots et de pensées opposées les unes aux autres. Exemple :

Que l'homme est un être étonnant! après Dieu, c'est le plus inconcevable. Pour avoir une idée juste de lui-même, il faut qu'il la compose de mille idées qui lui paraissent extravagantes. Quel contraste de richesse et de pauvreté, d'abjection et de grandeur ! que l'homme est vil! que l'homme est auguste! assemblage merveilleux de deux natures différentes, l'homme est le centre d'où partent deux infinis opposés ; il forme la nuance délicate qui unit les deux extrêmes. (YOUNG.)

L'*allusion* est l'emploi de mots auxquels on donne une signification différente de celle qu'ils ont naturellement. Exemple :

6.

Qu'est-ce, en effet, pour toi, grand monarque des Gaules,
Qu'un peu de sable et de gravier.
Que faire de mon île, il n'y croît que des saules,
Et tu n'aimes que les lauriers.

(ROBIN.)

La *gradation* accumule des pensées et des expressions qui renchérissent les unes sur les autres. Exemple :

Ceux que Dieu a prédestinés, il les a aussi appelés,
Et ceux qu'il a appelés, il les a aussi justifiés,
Et ceux qu'il a justifiés, il les a aussi glorifiés.

(SAINT PAUL.)

La *proleps* sert à prévenir et à détourner les objections qu'on pourrait faire, afin de gagner la bienveillance des auditeurs. Exemple :

Il est trop dur, dit le vindicatif, il en coûte trop pour pardonner ; mais quoi ! le ciel est-il promis aux lâches ? Le joug de Jésus-Christ n'a-t-il aucun poids ? Une loi qui gêne, en est-elle moins une loi ? Il en coûte trop, dites-vous, quand vous êtes l'offensé ; mais le dites-vous quand vous êtes l'agresseur ?

La *suspension* a lieu lorsque l'orateur, pour intéresser ses auditeurs, tient leur esprit en suspend jusqu'à la fin où il leur présente tout-à-coup une conclusion toute différente que celle à laquelle ils s'attendaient. Exemple :

Après le malheur effroyable
Qui vient d'arriver à mes yeux,
J'avouerai désormais, grands dieux,
Qu'il n'est rien d'incroyable !
J'ai vu, siècles futurs, vous ne pourrez le croire ?
Ah ! j'en frémis encore de dépit et d'horreur,

J'ai vu mon verre plein, et je ne n'ai pu le boire.

La *réticence* a lieu lorsque l'orateur s'arrête, comme pour laisser deviner ce qu'il va dire. Exemple :

Vous connaissez la ligue, et vous voyez ses coups.
Ils ont passés par moi pour aller jusqu'à vous.
Peut-être un jour viendra qu'une main plus barbare...
Juste ciel, épargnez une vertu si rare.

(Voltaire.)

La *communication* a lieu lorsqu'on délibère avec ses auditeurs ou ses adversaires, comme pour leur demander un avis. Exemple :

Dites-moi, grand héros, esprit rare et sublime,
Entre tant d'animaux, qui sont ceux qu'on estime ?
On fait cas d'un coursier, qui, fier et plein de cœur,
Fait paraître, en courant, sa bouillante vigueur,
Qui jamais ne se lasse, et qui dans sa carrière
S'est couvert mille fois d'une noble poussière.
Mais pourquoi voulez-vous, que par un sot abus,
On respecte dans vous un honneur qui n'est plus.

(Boileau.)

La *correction* a lieu lorsqu'on revient sur ce qu'on a dit pour en rectifier les pensées et les mots. Exemple :

Je ne relève pas même ici tant de grandes actions, qu'elle a tâché de rendre secrètes ; je révère encore après sa mort, l'humilité qui les a cachées ; je les laisse sous le voile qu'elle avait tiré pour les couvrir, et je consens qu'elles soient perdues, que dis-je, perdues ! Tout est profitable aux élus, et la charité ne fait rien en vain.

(Fléchier.)

La *concession* accorde des choses qu'on n'a pas droit d'exiger, afin d'amener à notre sentiment. Exemple :

> Grand Dieu, tes jugements sont remplis d'équité ;
> Toujours tu prends plaisir à nous être propice ;
> Mais j'ai tant fait de mal, que jamais ta bonté,
> Ne me pardonnera sans blesser ta justice.
> Oui, mon Dieu, la grandeur de mon impiété
> Ne laisse à ton pouvoir que le choix du supplice.
> Ton intérêt s'oppose à ma félicité,
> Et ta clémence même, attend que je périsse.
> Contente ton désir, puisqu'il t'est glorieux,
> Offense-toi des pleurs qui coulent de mes yeux.
> Tonne, frappe, il est temps, rends-moi guerre pour
> J'adore en périssant, la raison qui t'aigrit ; (guerre.)
> Mais dessus quel endroit tombera ton tonnerre,
> Qui ne soit tout couvert du sang de Jésus-Christ.
>
> (DESBURREAUX.)

DU STYLE.

On nomme *style* la manière de s'exprimer, soit en parlant, soit en écrivant ; or, comme l'*élocution* ne saurait être la même pour tous les sujets parce que les pensées et les figures qui conviennent à des sujets plaisants ne pourraient convenir à ceux qui doivent être sérieux ou pathétiques. Il en résulte donc, qu'il y a plusieurs espèces de style, mais qui rentrent tous, plus ou moins dans trois espèces principales, qui sont : le *simple*, le *tempéré* et le *sublime*.

Le *style simple* est celui qui convient aux sujets

de peu d'importance, où il ne faut que de l'ordre et de la précision, tels que dans les lettres familières, les mémoires, les dialogues, etc. Exemple :

Ne voulez-vous jamais faire autre chose qu'aller par la ville vous demander les uns les autres : Que dit-on de nouveau? et que peut-on apprendre de plus nouveau que ce que vous voyez? Un homme de Macédoine se rend maître des Athéniens, il fait la loi à toute la Grèce. Philippe est-il mort? dit l'un. Non, répond l'autre, il n'est que malade. Hé! que vous importe, messieurs, qu'il vive ou qu'il meure? Quand le ciel vous en aura délivré, vous vous ferez bientôt vous-mêmes un autre Philippe. (DÉMOSTHÈNES.)

Le *style tempéré* convient aux sujets agréables; il demande des expressions élégantes, riches, fines, naïves, etc. Exemple :

La jeunesse trouve dans l'étude des lettres, une nourriture délicieuse, la vieillesse, un exercice qui l'amuse, elles répandent un nouvel éclat sur la prospérité, elles nous servent d'asile et de consolation dans l'adversité; elles nous charment dans l'intérieur de nos maisons, elles ne nous embarrassent point au-dehors, elles veillent, elles voyagent, elles demeurent à la campagne avec nous. (CICÉRON.)

Le *style sublime* est celui qui convient aux sujets pathétiques, les pensées énergiques, véhémentes, magnifiques, telles que l'imagination et l'âme ne conçoivent rien au-delà. Voilà ce qui le constitue. Exemples :

Le souverain arbitre de la nature, d'une seule parole forma la lumière.

Les mortels sont égaux, ce n'est pas la naissance,
C'est la seule vertu qui fait la différence.
Qu'importe lorsqu'on dort, dans la nuit du tombeau,
D'avoir porté le septre, ou traîné le râteau.
(VOLTAIRE.)

Ne sais-tu pas encore, homme faible et superbe,
Que l'insecte insensible, enseveli sous l'herbe,
Et l'aigle audacieux qui plane au haut du ciel,
Rentrent dans le néant aux yeux de l'Éternel.
(VOLTAIRE.)

Fin de la première Partie.

TABLE.

	Pages.
Observations.	4
Grammaire française. — Instructions préliminaires. — De la Lexicologie.	15
Des Substantifs.	17
Des Qualificatifs.	18
Des Déterminatifs.	20
Des Pronoms.	21
Des Affirmatifs.	23
Des Différentes transformations des affirmatifs. — Conjugaison de l'Affirmatif absolu *être*.	26
Première conjugaison. — Affirmatifs terminés en *er*.	27
Seconde conjugaison. — Affimatifs terminés en *ir*.	28
Troisième conjugaison. — Affirmatifs termés en *oir*.	29
Quatrième conjugaison. — Affirmatifs terminés en *re*.	30
Des Modificatifs.	30
Des Conjonctions.	32
Des Expositifs. — Des Exclamations.	33
De la Syntaxe.	34
De la Construction.	37

De l'Emploi et Concordance de Mots.	39
De la Ponctuation.	45
De la Rhétorique.	47
De l'Invention.	49
Des Moyens oratoires.	51
Des Passions.	53
De la Disposition.	55
De la Narration.	56
Bataille de Munda. — De la Confirmation.	57
De la Réfutation.	58
De la Péroraison. — De l'Élocution.	59
Du Style.	68

FIN.

www.ingramcontent.com/pod-product-compliance
Lightning Source LLC
LaVergne TN
LVHW020954090426
835512LV00009B/1904